徽州古村落文创产品设计丛书

安徽高校人文社会科学重点研究项目

U0728643

舒　伟

汪琼颖

孙福良

／

著

彝伦攸叙

——呈坎文创产品设计

中国纺织出版社有限公司

内 容 提 要

本书运用徽州在地文化与文化创意产品开发的实例，透过生活化、系统化与品牌化的步骤，有效筛选、撷取在地文化元素，建构文化元素与设计程序的对应模式，同时，配以大量设计案例，呈现对乡土资源的在地创生，力求将抽象的文化元素具体化，对乡村文创产品设计进行了多样化和开放性的探索。

全书图文并茂，内容翔实丰富，图片精美，针对性强，具有较高的学习和研究价值，不仅适合高等院校产品设计专业师生学习，也可供文创产品从业人员、研究者及政府文化产业部门参考使用。

图书在版编目（CIP）数据

彝伦攸叙：呈坎文创产品设计 / 舒伟，汪琼颖，孙福良著 . -- 北京：中国纺织出版社有限公司，2022.11

（徽州古村落文创产品设计丛书）

ISBN 978-7-5229-0023-0

Ⅰ . ①彝… Ⅱ . ①舒… ②汪… ③孙… Ⅲ . ①村落文化－文化产品－产品设计－研究－徽州地区 Ⅳ . ① G127.542

中国版本图书馆 CIP 数据核字（2022）第 206962 号

责任编辑：李春奕 责任校对：江思飞 责任印制：王艳丽

中国纺织出版社有限公司出版发行

地址：北京市朝阳区百子湾东里 A407 号楼 邮政编码：100124

销售电话：010—67004422 传真：010—87155801

http://www.c-textilep.com

中国纺织出版社天猫旗舰店

官方微博 http://weibo.com/2119887771

北京华联印刷有限公司印刷 各地新华书店经销

2022 年 11 月第 1 版第 1 次印刷

开本：787×1092 1/16 印张：10

字数：150 千字 定价：88.00 元

序言 PREFACE

　　舒伟同志为黄山学院艺术学院骨干教师和学科带头人，是一位勤奋和聪慧的良师。《彝伦攸叙——呈坎文创产品设计》为舒伟同志近几年潜心"徽州文化与艺术设计"选题的研究成果。

　　任何一种文化都必须时刻保持在传承状态之中，因为文化一旦离开了传承，就可能降低甚至失去价值。"徽州"是一个历史区划和地理概念，更是文化概念。通常意义上"徽州"包括徽州府及歙县、绩溪、休宁、黟县、祁门和婺源之一府六县行政区划。早在旧石器时期，这一带已有先民居住。至秦王嬴政二十四年（公元前223年）灭楚后，这一带设立黝（宋以后称黟）、歙二县，成为此地域最早的行政区划建置，距今已有两千两百余年。宋宣和三年（公元1121年）设立"徽州"，辖歙、休宁、黟、绩溪、婺源、祁门县，州治歙县，由此直到清宣统三年（1911年）的790年间，作为州府名，一直没有变更。5000多年前的石器时代，徽州的先民们已在此创造了原始土著文化；到3000多年前古越族人在这里生活的古越时代，徽州文化已较为发达。后中原人载着中原文化南迁至此，中原文化、江南吴越文化、楚文化与土著文化等，在此绵延、交汇与融合，到有宋一代，以伦理道德为价值内核的儒家观念逐渐主导了徽州这片土地上人的思想和行为，历经明清思想文化发展与勃兴，"东南邹鲁"成了徽州闻名遐迩的代名词及文化符号。徽州文化是中华民族优秀传统文化百花园中的一朵奇葩，无论在器物文化层面、制度文化层面，还是在精神文化乃至艺术设计层面，都有深厚的底蕴和杰出的创造。即便从宋宣和三年（公元1121年）设立"徽州"算起，徽州文化传承至当下，已独领风骚达900年之久。无疑，这构成了《彝伦攸叙——呈坎文创产品设计》的起点。

　　艺术设计是传承文化的一种载体、手段和方式，其本身亦为文化的元素和组成部分，是文化的表现和被表现。徽州艺术设计，是博大精深的徽州文化的一个独特的部分，是一种寓地域文化思想、蕴特色文化内涵的特色表达，也是传统文化的创造性转化与创新性发展的实践呈现。从这个意义上说，《彝伦攸叙——呈坎文创产品设计》有三方面创新之处。

其一，是研究立意上的创新。乡村兴则国家兴，而乡村振兴须产业旺。本著作着眼艺术设计赋能乡村振兴战略，将作者近几年来的教学成果与科研实践与乡村农文旅融合，以徽州古村落浓厚的文化特征与地域特征为创意来源，选取徽州古村落中最有代表性村落并被朱熹誉为"江南第一村"的呈坎村，以文创产品为载体，基于消费者新的消费需求与审美需求，遵循符合当地特色的设计原则，明确设计创新的方法和路径，进行深度的徽州古村落文创产品的设计开发，将徽州古村落的美好意象融入文创产品的设计思维中，让每一个村落的文创设计元素从乡村文化中提炼，针对不同的市场受众开发出多样性的产品，延伸文化遗产衍生产品链条，开发原创文化产品和衍生产品，因地制宜发展乡村设计产业新业态，可谓抓住了乡村振兴的关键所在。

其二，是学术视角以及设计理论上的创新。本著作力图从文化进化的角度出发，将文化进化论的基因理论作为理论基础，用基因论的相关理论对乡村呈坎的基因特点进行解构、分析，抽象概括出可用的文化元素，以消费者的需求为主要导向，运用设计学中的创新方法进行呈坎文创产品设计及文创品牌IP的设计，并为创新推动传承提供切实可行的转化路径，推动徽州文创走向品牌化，为社会资本广泛参与研发、经营等提供指导，达到使徽州古村落的文创产品设计既体现地方特色，又符合当下创新创意的设计主流的目的。在一定程度上拓宽了学术视角，从实践上丰富了设计理论。

其三，是观点上、内容上的创新。文化创意产业的理念之一是突破行业壁垒，促成不同行业、不同领域的重组、提升、合作。本书认为，地域化、本土化设计在全球经济一体化的视角下起到了同中求异的作用，乡村地域文化面临商业化带来的冲击，在实际案例的设计探索中，以当地文化特色作为设计元素，以叙事手法建构设计思路，以当地具体文化遗存为创作基础，运用现代设计手法联动创意设计的文化产品，是提升乡村旅游品质，避免设计同质化的有效手段。通过不同的设计展示徽州这座千年古村落的多面性格，更期望通过这些文创产品传播徽州文化，让更多人感受到徽州文化，是本书的又一核心观点。本书还提出，深入挖掘自身徽文化资源，并将其转化成具有传承发展徽文化的功能的文创产品，促进徽文化走进人们的生活；通过艺术设计的生活化，满足人们的生活需求，同时对传播徽文化的美学价值和文化传承等起到一定的促进与推广作用。

综上，有理由期待，本著作为推动徽州乡村文创产业发展，助力乡村振兴，开辟一条新路。

2022年6月

前言
FOREWORD

　　"文化"是一种生活形态，"设计"是一种生活品位，"产业"则是实现文化设计创意的媒介、手段或方法。因此，就文化的层面来看，设计师透过文化创意经由产业实现一种设计品位，形成一种生活形态。

　　徽文化是古徽州一府六县物质文明和精神文明的总和，是一个极具地方特色的区域文化，其内容广博、深邃，有整体系列性等特点，深切透露了东方社会与文化之谜，包容了中国封建社会后期民间经济、社会、生活与文化的基本内容，被誉为是中国封建社会后期的典型标本。学术界对其的研究，至少经历了大半个世纪，20世纪80年代以后更趋火热，逐渐形成了一门相对独立的地方学——"徽学"，被誉为是与敦煌学和藏学并列的中国三大走向世界的地方显学之一。一种地方文化能够引起国内外的如此重视，足以见其存在的重要价值。研究徽州文化，对弘扬中华传统文化，促进地方经济和社会发展都具有十分重要的意义。

　　基于这样的背景之下，本书以徽州文化创意产品为研究主体，采用实地考察和文献资料研究相结合的方法，从以下几个方面对徽州文化创意产品设计进行系统的梳理和研究：

　　首先，对徽州文化的样本：徽州众多乡村中比较有名的一个村落——呈坎，进行实地调研，结合文献资料，对呈坎乡村文化遗产分布范围及地点、当前文化遗产（包括物质文化遗产及非物质文化遗产）名录及保存现状、呈坎历史沿革进行阐述，分析研究主体整体概况。

　　其次，结合实际调研情况，选取呈坎部分重要物质文化遗产以及非物质文化遗产项目进行归纳整理，其中包括村落、建筑、文物等各类物质文化遗产以及民俗活动、宗教节日、民间手工艺、传统饮食等非物质文化遗产，并且在归纳整理的基础上，对目前呈坎文化遗产整体概况及特点进行总结。

最后，结合呈坎当前文化遗产情况，试图从文化进化角度出发，运用文化进化论的模因理论为指导，用模因论的相关理论，从徽文化中选取有代表性的乡村——呈坎的模因特点进行解构、分析，抽象概括出可用的文化元素，然后运用设计学中的创新方法进行呈坎文创产品设计及文创品牌IP的设计，推动徽州文创走向品牌化。

本书是在总结自己设计教学与实践的经验，并参阅借鉴了大量国内外文创产品设计相关的书籍与案例的基础上编写而成。在编写过程中得到了诸多专家和教授的指导与帮助，黄山学院"予义舍形"设计工作室的汪琼颖、贾晓晓、江涛、贾浩南、王宁、李聪慧等同学也做了大量的资料收集、整理与设计工作，同时本书得到了安徽高校人文社会科学重点研究项目："承古融新"徽州古村落文创品牌重塑研究（编号：SK2021A0628）、2020高校优秀青年骨干教师国内访学研究项目（编号：gxgnfx2020098）、国家级一流本科专业建设点黄山学院产品设计专业（编号：2020gjyl02）、一流专业示范引领基地（编号：2020rcsfjd37）的支持。在此一并表示衷心的感谢。

由于学识水平有限，书中必定还存在诸多缺点和不足，恳请各位专家与读者批评指正。

舒伟

2022年7月

目录
CONTENTS

下篇　案例实践

上篇 | 文创研究

第一章

绪论

　　当今世界，科技发展日新月异，制造业的发达使得人们的物质生活得到了极大的满足，消费者在挑选产品时，已经不再是单纯地追求产品的可用性和功能性，而是会更多地关注产品带来的情感体验和文化内涵。在美学经济发展的大背景下，产品所承担的角色已经由原本的物质属性转化为人类传达信息、承载情感的重要载体，设计的重点也从产品转移到人的情感和心理活动上来。

　　消费者对产品的需求已经发生了巨大的改变，文化创新已经成为美学经济时代发展的主要趋势。我国的文化产业发展起步较晚，但是自改革开放以来文化领域不断开放创新，传统文化在保护和传播方面取得了比较丰厚的成果。同时，近年来国家大力推动文化创意产业发展和传统文化保护和传承，注重相关文化创意产品的设计和推广。国务院相继推出了一系列意见、政策推动文化创意产业的发展。

　　文创产品是文化创意产业发展的衍生品，它是文化、审美、消费观念变迁的外在表现。因此，一个成功的文创类产品设计，不仅要在功能性、实用性上满足使用者的需要，更要通过产品传达出人文情怀和文化底蕴，成为文化传递和情感互动的载体。

　　徽州特色文创产品的设计与开发，要坚持以文化传承为根本点，以地域特色为落脚点，以实用美学为依托点，结合当地自然、人文与其他地域因素，讲好徽州故事，实现旅游文创产品跨界开发，创立特色旅游文创品牌。要将传统产业与"互联网+"思维有机融合，线上线下协同并进，政府、学校、企业与媒体携手合作，形成特色文化旅游文创开发的新气象。

第一节　文创产品概念

　　文创产品的全称为"文化创意产品"，至今在学术界，还没有对"文化创意产品"概念进行界定，因此一直存在着争议。联合国教育、科学及文化组织（简称：联合国教科文组织，United Nations Educational, Scientific and Cultural Organization，缩写UNESCO）根据其特征属性对它进行了定义：文创产品是表达创意思想、符号和生活方式的消费性产品。英国数字化、文化、媒体和体育部（Department for Digital, Culture, Media and Sport，缩写DCMS）从文化创意产业的角度对其进行了分析：文化创意产业是指源自个人的创意、技巧以及才华，通过知识产权的开发、运用，具有就业潜力和创造财富的行业总称。文创产品是文化创意产业所产出的任何制品或制品组合。

从产品形态来看，文化创意产品包含了两个相互依存的部分：文化创意内容与硬件载体。文创产品之所以与其他大多数工业产品有区别，是因为它包含了文化创意的特殊价值，这是文创产品设计的核心部分。同时，文创产品又不能独立于实际的产品形态而存在，仍然需要硬件作为载体。由于文创产品创意内容的精神和情感价值无法估量，所以文创产品具有初始成本高、附加价值高，复制传播成本低的特点。

文创产品的基本特征是对文化艺术的传承和创新，是以创意设计和文化传播为核心，使文化内涵和创意设计由实际的产品作为载体实现文化创意价值化和物质化。文创产品设计注重用户的精神需求和对文化内涵的深度挖掘，为产品创造更多附加价值。

文创产品能够提供一种情感体验，是实用性和观赏性的和谐统一，是品牌文化的巧妙展示。但现在很多乡村文创产品缺少品牌意识，有些手工制作的农产品，质量品质不高；甚至有的乡村文创产品直接模仿类似产品，使用机器大批量生产，这不仅造成同类产品的市场同质化，还让游客们产生"粗制滥造"的感受，降低旅游期待。因此，在乡村文创产品设计的过程中，除了融入乡、土、人、情之外，更要包含品牌理念，让产品透出品牌故事。

文化是一种生活方式，设计是一种生活品位，而创意是经由感动的一种认同，是一种诉求感动的深度。一个好的创意不一定是包含高科技的，但一定是能感动人的。

第二节　文创产品设计程序

一、文化产品

中国台湾学者林荣泰指出，文化产品与科技产品具有不同的属性，在由科技产品向文化产品转变时需要区别于一般产品的开发模式，将文化因素融入产品设计是区分一般产品与文化产品的关键所在，而把技术领域转化为人文领域的重点则是对人性因素的探讨（图1-1）。

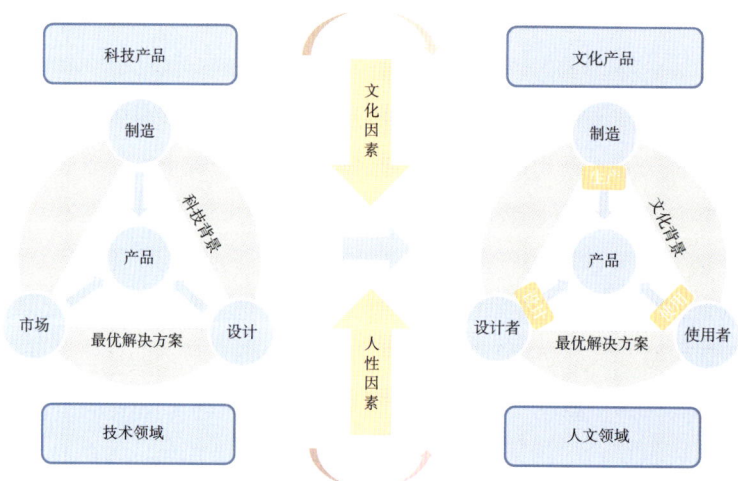

图1-1 文化产品与科技人文的关系图

学者林荣泰、徐启贤将文化产品设计的过程分为三个层次，分别是：第一层，有形的、物质的外在层；第二层，行为的、习俗的中间层；第三层，意识形态的、无形精神的内在层次，并将对应产品设计时所需考虑到的产品设计属性列表说明（图1-2）。图1-2也正可以用来探讨文化创意产品设计时应该思索的关键。

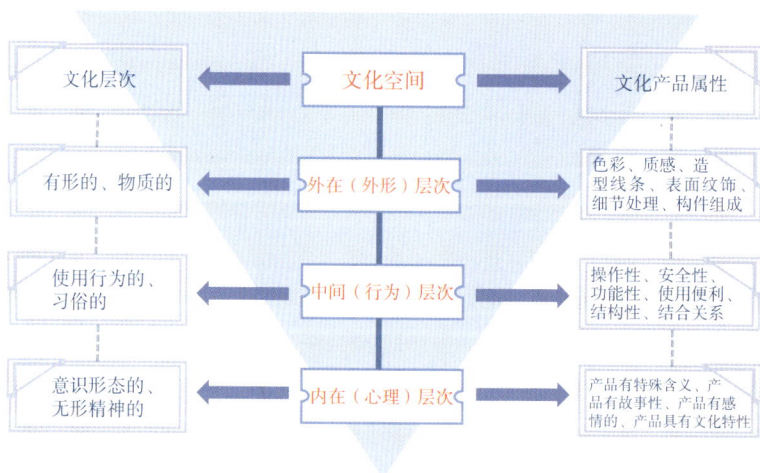

图1-2 文化特色转换产品设计的属性层次图

二、设计程序

设计师想要完成文化到设计内容这一过程转变，最关键的就是针对性地构建一个设计流程。

首先，必须尊重地域文化特性，在大文化背景的前提下尊重各个村落自身的民俗文化、风土人情等。了解当地文化最直接的方式就是地方村志、博物馆历史介绍以及口头相传。前两者我们可以很方便地获取资料，但在设计中要想获得当下乡村最真实的文化背景，需要设计师自身去深入乡村调研，遍访村民，与他们面对面地交流，在设计过程中让村民参与到设计中来，更加细致地了解地方文化，加强设计背后的文化背景。

其次，要学会在大文化体系中找到最具代表性的文化特征，将文化转换为一种符号。

最后，将文化符号利用图像或声音等具象手段在设计方案中体现出来。

设计过程将整合在消费期望认知与设计行为认知两个方面，从而区分为四个阶段与十个步骤的文化产品设计过程（图1-3），包含：消费期望认知、文化层次分析、产品属性对应、文化资料整理、脉络转换分析、设计概念发散、消费喜好调查等，以协助文创产品设计进行。

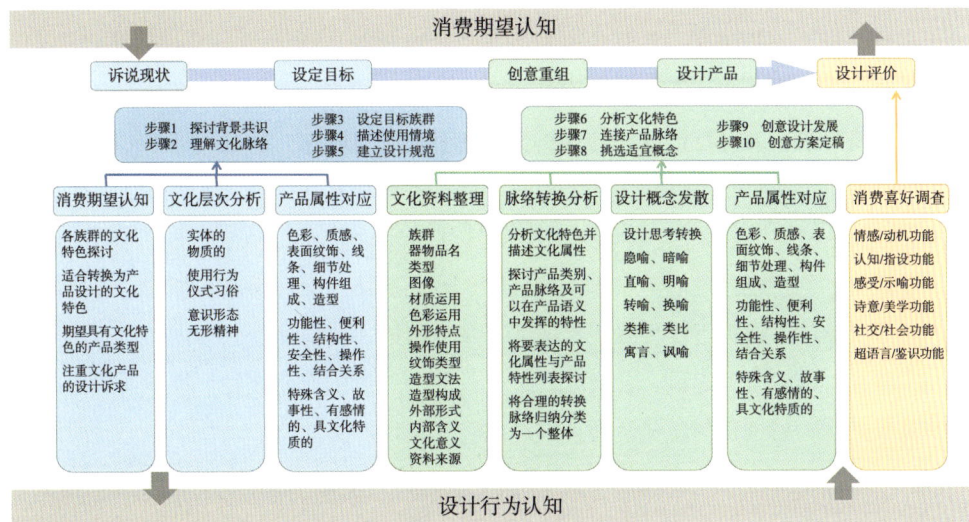

图1-3　文化创意产品设计程序

三、阶段与步骤说明

（一）诉说现况阶段

步骤一，探讨背景共识：在设计目标展开之初，共同探讨背景以明晓文化产品的特性，建立共识并初步拟定诉求重点。

步骤二，理解文化脉络：从文化空间层次观点探讨文化的属性呈现，并依社会发展动脉及产品设计趋势，讨论文化特色、社会形态及产品呈现之间息息相关的互动。

（二）设定目标阶段

步骤三，设定目标族群：以人物背景的描述发展使用情境，从消费者的观点着手，开发符合需求并具特色的文化产品，塑造具有意义与风格的文化意象。

步骤四，描述使用情境：以文字及图像描述使用情境，经讨论后取得共识，并整合目标消费族群、文化产品使用情境及产品类别。

步骤五，建立设计规范：提出文化产品整体的目标及限制、产品功能要符合的条件、目标消费者对产品特点的期望等。

（三）创意重组阶段

步骤六，分析文化特色：将可吸引目标消费者的文化特色，经由探讨其形制意涵，制成表格分析归纳，以深入了解其文化属性，寻求各种文化产品层次可能的转换运用。

步骤七，连接产品脉络：产品特性脉络的编写，以产品语义学的方式进行思考，列成表格，寻求文化属性与产品脉络间合理的连接关系。

步骤八，挑选适宜概念：从众多的文化特色分析与设计概念表格中，寻找较佳的转换脉络及诉求，并进行产品描述，将设计概念初步图形化。

（四）设计产品阶段

步骤九，创意设计发展：整合文化属性、产品脉络与设计诉求，以设计思考转换及产品语义学的方式进行设计发展，由文字及草图描述使设计概念具体化。

步骤十，创意方案定稿：从文化产品设计所需考虑的产品属性，审视讨论产品的细节及成熟度，将文化特色赋予适宜的产品转换呈现。

第三节　传统村落文创产品设计研究

一、传统村落

中国传统村落，即古村落，指村落形成较早，保留了较多的历史沿革痕迹，建筑环境、建筑风貌、村落地址未有大的变动，具有独特民俗民风，虽经历久远年代，至今仍为人们服务的村落。传统村落中蕴藏着丰富的历史信息和文化景观。在传统村落的精神遗产中，不仅包括各类"非遗"，还包括大量独特的历史记忆、宗族传衍、俚语方言、乡约乡规、生产方式等。它们作为一种独特的精神文化内涵，因村落的存在而存在，并使村落传统厚重鲜活，是村落中各类"非遗"不能脱离的"生命土壤"。

2012年9月，经传统村落保护和发展专家委员会第一次会议决定，将习惯称谓"古村落"改为"传统村落"，以突出其文明价值及传承的意义。

传统村落承载着中华传统文化的精华，是农耕文明中产生的不可再生的文化遗产。传统村落凝聚着中华民族精神，是维系华夏子孙文化认同的纽带。传统村落保留着民族文化的多样性，是繁荣发展民族文化的根基。传统村落厚重的文化内涵，使得传统村落与文旅融合高度契合。

二、创意在传统村落文创中的作用

文创设计可以看作是一种对传统村落情感的创意表达。每一个传统村落都应该有自己的特色，而不是千村一态。

创意在传统村落文创中起到以下几个方面的作用：

创意是融通多种设计形式，充当不同设计理念与运作方式的融合剂。

创意先行，我们就容易打破一些固有形式上的壁垒，不能只把目光局限于文创产品本身，不止于打造爆款，而是要聚焦文创品牌和整个文创产业，实现不同行业及领域的跨界融合。

创意可以充当视觉传达设计、产品设计与环境设计的联结点，是传统村落文创得以充分表达的助推力。

三、传统村落文创产品的现状及问题分析

传统村落文创产品作为历史文化与现代消费者沟通的重要接触点，在当地经济发展与文化传播中扮演着重要角色。就目前传统村落来说，大面积的开发与扩建，虽然为文化传播提供了广阔的平台，但是对自身历史文化的认知程度以及对文创产品开发的重视程度并未跟上，使得传统村落无法将自身文化充分展现于平台之上，让大肆兴建的建筑徒有其表。有些地域虽然存在一些成功的文创产品，但其数量并不足以填充到为数众多的建筑之中，导致为填充空间而产生产品的现象出现，并成为传统村落文创产品的普遍现象。而快速高效的出产方式就是机械地照搬现有产品和片面地学习成功案例，这一方式造就的文创产品样式单一、品类相似、质量堪忧。具体总结为以下三类问题。

（一）同质化问题

同质化是指产品的种类相同、功能相仿。当前全国大部分古镇和传统村落多存在这一问题，这些同质化的产品大都来源于商品批发市场，产品批量大、生产周期短、价格低廉，且种类繁多，大多存在做工粗糙、质量缺陷等问题，并且缺少与当地文化

的紧密联系，也缺少创意与设计。这样的产品以文创产品的身份填充于传统村落市场当中，与周围环境格格不入，既没有起到连接消费者与文化的作用，又冲击了原有的传统文化。有些传统村落会将当地农副产品作为当地特产放于市场之中售卖，这一方式虽丰富了产品种类、体现了地域特色，但不足以支撑起庞大的市场空缺，大量重复的店铺和重复的商品使原本独具特色的产品变得稀松平常，未能使消费者感受到独特的村落传统文化，并且会对这些重复性商店与产品产生厌烦情绪，不利于传统村落的长期向好发展。

（二）盲目性问题

盲目性是指传统村落文创产品开发初期往往在方向性以及思路上不够清晰。由于我国传统村落的文化创意产业研究起步相对较晚，所以业内大多借鉴国内外博物馆的成功方法。但在本土化的过程中由于缺乏对自身文化的深入了解，以及对自身产品的准确定位，造成文创产品极左、极右的盲目开发问题。

极左表现为在开发产品过程中过于追随他人，完全照抄，什么产品热销就开发什么，缺少了独特性，选择开发的品类也无法与当地文化产生关联性。

极右表现为过于固守地域文化，只看到自身的历史文化与地域特色，并没有进行提炼与加工，缺乏与时代的融合，使产品缺少消费者与市场的认可度，与市场上的同类产品相比无法产生强有力的竞争力。

（三）过于符号化问题

过于符号化是指传统村落文创产品在设计层面上过于看重符号，而忽略了除符号外的其他文化信息的构建与传达。这一问题体现在机械地照搬、照抄原始文化符号，没有分析、提炼、创意的过程，或将地域文化符号单纯地提取，简化后印刷和刻制在已有的产品之上，没有根据产品特性或文化特性进行加工与设计。这一方式看似形制统一、体系性强，实则缺少了创意与变化，缺少消费者与产品的文化互动，并且由于并没有改变产品的功能与使用性质，未能很好地对符号背后的文化进行构建，使得符号成为单薄的图形，失去了文化的支撑，在品类丰富、款式多样的同类产品市场竞争中，难以形成竞争优势。

四、传统村落文创产品的设计策略与设计思路梳理

随着乡村振兴战略的不断推进，美丽乡村、特色小镇、全域旅游、田园综合体等政策相继出台，在全国范围内掀起振兴乡村的热潮。传统村落因其蕴含着大量的历史文化，所以需要寻找更为温和的振兴发展途径，在不破坏原始风貌和人文景观的基础上进行开发。旅游观光成了大多数传统村落的首选，发展旅游业既带来大量人员流

动，又带来了隐性消费需求。在促进当地的经济复苏发展与历史文化宣传的同时，开发推出文化创意产品，使其达到传递文化、引起共鸣、同构情感的作用。

就目前传统村落文创产品而言，虽有部分产品文化内涵丰富、充满创意，但还有很大一部分存在机械照搬现有产品和片面学习成功案例的情况。这种开发方式使文创产品浮现出样式单一、品类相似、质量堪忧的现象，呈现出同质化、盲目性和过于符号化的问题。加之近年来，我国消费群体呈现年轻化趋势，青年人无论是从消费习惯、审美习惯还是信息接收习惯上都较之前有许多变化。相较于传统产品，边缘性、颠覆性和独特性的产品更能使消费者产生购买欲望，对本就存在问题的传统村落文创产品更难以被认同与接受。

所以从以上几个方面入手，站在消费者的立场并结合当地文化元素、现代审美趋势等，构建出以下三个方面的设计策略：

（一）文创品牌构建和产业化

品牌的建立，有利于整合区域优势资源，使产品从设计、风格、样式造型、理念上得到整合和统一指导。品牌贯穿了产品的整个过程，包括设计、地方文化探索、营销策略等，对市场进行优化与升级。

品牌对消费者而言，是一种熟悉的生活方式，而对生产者而言，品牌得以令它们在激烈的市场竞争中脱颖而出，走进消费者的内心。

（二）立足地方文化

面对现在传统村落文创产品"趋同化"和缺少地方特色文化元素的问题，分析认为最重要的就是传统村落的文化表现。在具体设计过程中，需要首先从传统村落出发，通过调研分析整理设计资源，总结文化核心，之后基于文化核心建立专属于特定村落的文化价值体系，并通过世界观、价值观与形象IP展现出来。文化认同是使消费者对产品产生持续性、紧密性和忠实性的关键，是对操作条件反射最有力的强化点，具体在设计部分需要构建出完整的世界观体系，形成一个合理有趣的虚拟世界，并且建立起充分展现文化内涵的价值观体系，通过世界观与价值观进行文化输出。由此建立起特定村落的文创产品。

（三）与当地产业相结合

在当前乡村振兴政策的背景下，将文创与当地产业相结合，从而通过文创带动区域特色产业的发展，将艺术介入城乡建设中去，可以实现村落保护与产业发展的良性互动，达到既能保护传统村落的历史文化和景观风貌，又能拉动当地经济增长效益的双赢效果，具有重要的现实意义。

第四节 文化创意产品设计原理

随着消费需求的转变，目前市场中的产品除了具有使用功能与实用性外，还必须兼顾消费者认知与产品要求等方面。在全球文化创意产业蓬勃发展之际，消费市场日益重视具有文化特色与美感表现的产品。

联合国教育、科学及文化组织（United Nations Educational, Scientific and Cultural Organization，简称UNESCO）认为，文化产品具有的经济和文化的双重性质，通过体现和传承文化表现形式，成为文化特征、价值观和意义的载体。

总体而言，文化创意产品既然从属于产品，产品设计的原理与方法也就均适用于文化创意产品设计。在产品设计领域，我们通常关注的是市场定位、材料、工艺、功能、成本、人机界面等问题。但文化本身独特的传承性，决定了文化创意产品的设计必须传承过去，传承未来。传承不能简单理解为传承传统的图案、器物类型、工艺，还要思考表面下隐含的文化关联体系。在体现时代精神的同时，纠正传统文化在文化创意产品设计中的位置，避免过多地说教和夸张，能否传递有血有肉、有道德、有筋骨、有温度的文化设计理念就显得非常重要。

目前常用的设计方法可概分为：帮助构想产出的方法，着重在概念的发散拓展；以及在设计过程中导引设计进行的程序方法（见本章第二节）。

一、设计符号学

设计符号学将产品分为语义、语构、语用和语境四个维度，不仅可以反映产品本体的形态、色彩、材质、纹理、功能、结构、性能、情感等，还可以解读产品背后的内涵（图1-4）。

建立品牌就是建立符号，品牌就是一套符号系统，品牌用符号影响消费者的看法、观念和消费行为。掌握符号就能创造出不一样的产品、不一样的体验来。

运用设计符号学对徽州文化遗产从语义、语用、语构、语境四个维度进行解构、提炼并重构，将徽州传统元素融合现代元素运用到徽州文创产品的设计中，同时将徽州传统文化与精神运用隐性语意的表达方式，将徽州文化中人们对于美好生活的追求及期盼进行表达和演化，为徽州地区文创产品设计提供新的方法及思路，让产品体现

徽州文化内涵的同时也加强对徽
州文化的传播。

二、设计事理学

设计事理学认为，事物之
理——做事才要物或工具，"事"
是时间上的先、也是逻辑上的
先。应当事在前，物在后。且
"物"属内，"事"属外，对"事"
的详细了解能够很好地帮助人们
理解"物"，内部因素只有适应
外部因素，事物才能向前发展，
否则会阻碍事物的发展。

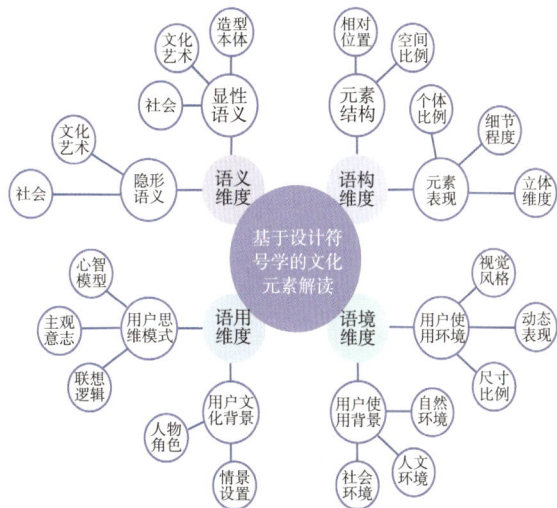

图1-4　文物元素解读模型

设计是在讲述故事，在编辑一幕一幕生活的戏剧。"物"只是故事中的道具，"目
的"是让故事更顺畅、更有趣、更合理、更有意义。因此设计看起来是在"造物"，
其实是在"祈使性叙事"，在讲理，也在抒情。设计不仅是一种技术，还是一种文化，
是一种创造行为，"创造一种更为合理的生存（使用）方式"。

因此，设计事理学是一种探求设计的"初心"和"外部因素"的方法论。

如果只关注物而非事，就会忽略整体。我们谈继承传统，重要的是了解真正的本
质，而不是停留在表面上。因此，对某物的设计，我们将围绕该物构成的"事系统"，
按照它的自身性质权衡设计中的"理"与"情"各占的比重，对设计产生怎样的影
响，而不是机械地一概而论之，应根据对不同的事的分析确立不同的"理"与"情"。

设计事理学的"物"在徽州文创产品设计中可以体现为以徽州的物质文化遗产作
为原型，生产创意元素转化的实际流通产品，以及文物复仿制品等没有新增附加值的
旅游纪念品，同时也包括线上的虚拟应用产品。而文创背后的"事"通过功能载体促
进徽文化价值传播，使广大群众能够真切地感受徽文化的精神内涵和文化意蕴。

利用设计事理学的叙事性系统思维方式，对文创产品的开发步骤为：

通过对购买文创产品目的以及民俗文化的分析，确定设计的"事系统"进而明确
设计目的。分析民俗文化符号的情感倾向、意义倾向与特性，确立"事系统"发生环
境，进而设计相关情境（情景代入法），分析每个情景下的"事"以获得不同的设计
诉求点，从而找到这个事系统中物得以存在的形式与意义。

三、生态美学

生态美学是生态学和美学相融合的一门学科，在生态学的基础上去研究美学问

题，在传统的审美因素当中增加了生态因素，融入了环保、绿色、生态等概念，创造了一种和谐共生之美，形成了一种崭新的美学形态，是美学领域的一个新的发展。

成功的文创产品来自能够感动人心且有品质的商品美学商业模式，以"文化"支撑"艺术"、以"创意"支持"设计"、以"产业"创造"品牌"，并以深厚的文化底蕴、艺术风格透过文创产品让后端的消费者认同文创品牌以及传达的文化内涵，因为得到感动而进行消费。因此，在进行文创产品设计的时候，应该注重美感，提升商品的整体品质。

生态美学思想下的文创产品的创新设计表现手法主要有：

（1）绿色设计。绿色设计是20世纪80年代末掀起的一场旨在保护自然环境的设计运动，是设计师道德和社会责任心回归后形成的一种设计理念，同时也作为设计批评的重要依据。绿色设计是为了保护环境，减少设计活动对人类生存环境带来的伤害，因此绿色设计理念影响了诸多与设计相关的行业。而在生态美学思想下讨论的绿色设计只作为产品创新设计的一种表现手法，它以节约资源、低碳环保、循环可持续发展等理念为设计第一要义，从选材用材上为文化创意产品创新设计寻求新的创新点与突破点。比如选用竹、藤等具有独特质地和韧性的自然材质，再结合现代科技手段赋予其特定的文化内涵，将其编制成家具、灯具等产品，这些天然环保材质不但契合了人们返璞归真的渴望，也满足了人们对有益于健康的绿色产品的迫切需求，让使用者心情愉悦。

（2）仿生设计。人类作为自然界的守护者，在漫长的文明历史活动中不断改变周围的生态环境，同时受生态环境的影响也形成了独特的审美观念。仿生设计就是人类对大自然模仿和借鉴的设计方法，例如：它可以是从视觉形态上依据叶子的形态来制作灯具和餐具的仿生设计；也可以是从功能属性上模拟动物掌纹来进行手套和轮胎的仿生设计。

仿生设计主要是观察、研究和模拟自然界各种各样的生物，并借此为自己提供新的设计灵感，强调在设计中模拟自然是中国古典造物观念的重要内容。

基于生态美学思想的文化创意产品设计，力求从产品视角形态上运用仿生设计手法，使产品形态与文化属性更加融合。设计师应从产品形态的动感、色彩、肌理等设计要素出发，结合特定的文化在自然界中寻找设计灵感，创新设计出富有感染力的生态美学形态。可以依照植物的形态来构思文创产品的形态，比如借助徽州山水、竹子、竹笋等自然形态的文具设计，不仅可以很好地嵌入地方特色文化，还能在不损毁产品功能性的同时为文创产品添加趣味性，从而促进消费，实现文创产品的商品价值。

（3）关怀设计。产品是为人类生存提供便捷而产生的，基于产品设计中"人—自然—产品"的生态关系以及和谐共生思想，作为人造物的产品应具有关怀属性。设计师在设计构思时对产品使用者的体验享受体现了人文关怀，因此产品本身就具有生态性。

生态美学思想下的关怀设计是在文创产品设计前期，设计师对文创产品所包含功能属性的思考，在不抹杀文化特性的前提下，运用先进的技术手段，尽可能地让使用者享受到更好、更舒适的功能体验，来创造完美功能的创新设计。根据人类的生理和心理特征，将人体工程学和人工智能技术运用到文创产品的设计当中，创造出兼具人文特征和智能化的文化创意产品，在体现设计关怀之情的同时，也有利于文创产品快速打开市场。

第五节　文化进化论对文创产品设计的启示

文化进化论认为人类社会是一个不断发展渐进的过程。表现为由低级到高级，由简单到复杂，由此及彼地向前发展。文化进化的过程表现在该文化对其所处的自然环境、文化环境的适应和创造。文化进化体现在文化形貌上，呈现衍生、专化与替代三种走向。人是文化的创造者，人的需要是文化进化的动力。由于文化是一个内容相当庞大的集合体，所以当一种具体的文化现象不能适应整个文化对人的需求方向产生影响时，这类文化就很有可能被边缘化，也就是说该类文化不再满足人的需求，并逐渐从人们的视野中消失。下面我们就从文化进化论的角度谈一下它对文创产品设计的启示。

一、文化基因

文化基因指的是在诸如语言、观念、信仰、行为方式等的传递过程中与基因在生物进化过程中所起的作用相类似的东西。它为文化进化的过程中发生的现象提供了新的合理阐释，因而可以尝试将文化基因的概念应用到徽文化的解构当中。文化基因相对于文化传承的作用相当于生物基因在生物传承中的作用，会发生复制、进化、变异甚至优胜劣汰现象。文化进化是文化有效性变迁的全过程，文创产品就是文化的延伸品。

二、文化用进废退

生物学的用进废退观点最早是由拉马克在《动物的哲学》中提出，文化在演进过程中也存在类似现象。传承与延续文化最好的方法便是使其在当前及未来的社会生活中不断被使用和再现。文化如果不落在一些可见、可触的实体上，就会变得越来越虚无和缥缈。虚无的文化很难被传达、接受和发扬。

在传统徽州社会中，充满文化寓意的符号不断在生活器物中被使用和传播，符号与文化同步走向兴盛。随着社会的变革，徽商没落带来其生活方式和器物的衰退，与之相合的文化符号也渐趋没落。好在这段时间并不久远，还有诸多标本存续。我们借设计将其与现代生活相合，赋予文化新的生存空间，在现代人的生活中使用并传播，进而完成文化的演进。

比如曾辉煌无比的徽商虽然现在已经没落，但"徽骆驼精神"却依然值得我们去探究、学习和借鉴，可以作为一种现代创业精神，例如：不畏艰难、百折不挠的进取精神；审时度势、出奇制胜的竞争精神；同舟共济、以众帮众的和谐精神；不辞劳苦、虽富犹朴的勤俭精神等。因此如何把徽骆驼的形象及其精神内核融入徽州文创产品设计中，是设计师需要关注的问题。

三、文化过度繁殖，生存竞争，适者生存

通常情形下，自然界中生物繁殖的数量都会远远超过维系种群生存的需求，并借由大量繁殖的新生体完成种群扩张，扩张进程中无论个体还是种群都会与外部的威胁进行生存斗争，拥有优势基因遗传的生物更容易存活下来并繁衍生息，反之则逐渐消亡。生物的过度繁殖、生存竞争、适者生存是自然选择进化过程中的原因、手段与结果，这一进化过程在文化演进过程中同样存在。譬如当前我国在政策与资本等外部推进之下，与传统文化相关的诸多产业蓬勃发展，新的文化现象与文化产品不断衍生，进而这些文化现象与产品在当前的社会环境中相互竞争，寻找自己的生存空间。其中难以为社会接纳或者跟不上社会进步速度的便渐次消亡，而存留下来的则会融合到文化进程当中，衍生出新的文化意识，并伴随其进一步演进。

在竞争激烈且产品同质性大增的环境中，消费者购买的意愿多取决于文创产品的附加值和潜在价值，特别是其美学、文化内涵以及商品的关联性。

以竹雕艺术为例，经过明清鼎盛时期的竹雕艺术在现代走向了衰落，由于没有适应现代的自然和文化环境，竹雕艺术在"适者生存"的竞争法则中趋于消亡。竹雕产品有室内装饰、文玩、首饰、文房用具、工艺摆件、饰品、器物等。竹雕产品自古多受文人青睐，虽然现在的产品不免有所世俗化，但其风并无多改，属于小众消费。从业者规模较小，主要采用非传统的师徒传授的培养模式，行业微观形态以大师工作室、私人公司为主。

四、文化的遗传和变异

在生物界中，遗传与变异现象十分普遍。如果没有遗传，各式物种就不可能延续发展；同样，如果没有变异，地球上的各色物种就不可能有进化，也就不可能构成绚丽多彩的生物界。

人类社会也是在传承与发展中不断演化前进的。文化传承是文化发展的必要前提，发展是传承的必然要求，而文化创新是文化自身发展的内在要求。文化要适应时代的发展，需要在传统、当代、未来三个维度中实现创新发展。

我们要将传统文化与现代文化融合，对传统文化进行创造性转化，这就需要借助设计的力量。所谓进化，对我们来说，就是产品的创新、创意的创新。当我们提到创新的时候，便是将创新加入循环当中，成为循环的一部分。所以，创新的基石，在于是否能够进入这个循环，而且被这个循环所接受。因此，最重要的便是寻找文化母体，最重要的便是传承。

只有我们的创新、创意能够符合旧的循环，才能够在旧的循环当中加入我们的创新，我们的创新才有生命力。我们说寻找文化母体，也就是承古，是我们一切工作的前提。那么如何传承呢？关键就在于认识人类文明的文化母体。

徽州文创产品的创新可以引导徽文化朝着良性传承方向去发展，能让更多的群体了解并喜爱上徽文化。徽州文化客体由多种基因组成，关键性基因往往在文化遗产传承中起到保留本真的决定性作用，我们可以结合现代社会和人们的各种需求，通过变异或转化非关键性基因来产生创新，比如可以从解构艺术风格、使用原料、内容题材、色彩、质地、尺寸、功能用途、工艺流程等方面入手，以及在各种影响因素下，对这些文化基因进行挑选、评估，不断自我复制，或变异，或转基因，再注入或融入现代生活的肌体中去，使之获得新生和发展，获得新的面貌和新的形态。评估不同徽州文化客体的关键信息或者说是基因，以便尽可能保留其原真性、活态性、完整性。

五、文化基因库研究

传统造物研究所形成的文化设计资料不能直接用于现代文创产品设计中，还需要有一套能辅助文创产品设计决策的知识服务系统，其底层是能方便设计师选择特征文化元素的文化数据库，即"文化基因库"。

国内学者构建"文化基因库"多采用人工提炼的方式，大多针对特定的文化目标。如针对徽文化，利用遗传理论构建了包含图案、色彩、形态的"文化基因库"，并利用该服务系统完成徽州文创产品的设计。

近年来，随着计算机技术的发展，"文化基因库"建设也日趋智能化，出现了借助计算机进行文化元素提取的研究，如"文化计算"。该概念由日本京都大学的土佐尚子（Tosa Naoko）于2005年提出，这是将数字技术应用在文化领域，探索文化发展规律、解释文化内在联系，同时进行可视化分析与展示的方法。

罗仕鉴等人尝试为文创产品设计师构建了面向创意设计的器物设计知识展示系统，并在该系统的协助下实现了"鼎文化"的主题茶具设计。

"元数据"是"文化计算"研究的重要领域之一，我国也有不少学者参与研究，如林荣泰早年就提出了使用"三层次模型"来存储文物信息，快速实现从文化资料到设计知识转化的想法；赵海英等人以国际上较成熟的DC元数据标准为参考，结合服饰图案特点，对苗族蝴蝶纹图案进行了元数据描述与构建；又如乌云在分析新疆民族服饰图案基元形式与内涵的基础上，利用元数据对新疆民族服饰进行了数字化，为使用"文化计算"概念深入挖掘图案文化内涵与规律提供了思路。

六、文化基因和品牌的关系

文化作为生产力，品牌作为执行力，二者结合便可建立一个成熟的商业生态圈。文化是一个品牌内涵与核心价值的体现，一个品牌的提升离不开文化的渗透和作用。在文化传播的过程中，品牌作为文化的载体，可以充分得到消费者的认可，从而提高品牌的市场占有率。文化基因作为民族核心文化价值的体现，是一个民族长远发展的不竭动力。给予一个品牌独特的文化内涵就需要站在所处的文化环境中提取文化基因，以此来实现品牌形象与文化的相互融合，因此文化与品牌的关系是共生的、密不可分的。

品牌与文化共生的四个步骤：

第一步，从文化母体中来。首先要找到合适的文化母体，精确描述文化母体，然后找到连接文化母体的方式。

第二步，到文化母体中去。被文化母体购买者买走。

第三步，成为文化母体的一部分。要能够和文化母体互利共生。

第四步，壮大文化母体。通过销售和流行，让文化母体更加壮大。

比如呈坎的过坎文化，人人都希望平平安安，无坎无灾，这是从文化母体中来。设计形象使用过坎兽的符号，这是到文化母体中去；把过坎兽的形象吞吞兽投放到呈坎景区的各个角落，最终所有来旅游的游客都认识了吞吞兽，这是成为文化母体的一部分，成为文化母体，壮大文化母体。

将生物学领域的遗传基因DNA、文化学的文化基因论与产品设计理论相结合（图1-5），借鉴生物基因工程原理，建构面向地域文化的系列化产品创意设计方法，将DNA相似性和继承性的概念引入文创产品内在的遗传和变异特质中，使文创产品能够实现面向不同需求的系列化或者具有更大变形能力的产品，以低成本和快速开发周期满足客户的个性化需求。大众的内在需求是文化进化的基础，文化的发展需

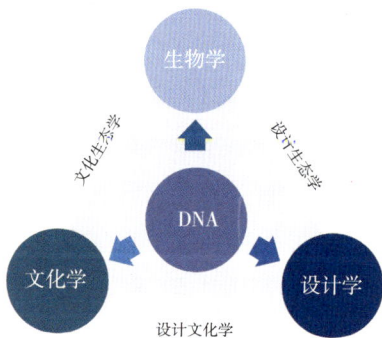

图1-5　生物学、文化学、设计学的关系

首先满足人们对物质生活资料的需求。在此过程中，我们要格外警惕：捍卫中国传统文化的DNA，不让其被外来文化"转基因"。

第六节　地方再生与文化经济的品牌构建

地方再生是探讨城乡发展失衡造成的地方经济衰弱、人口流失等问题时所提出的地方振兴政策。地方再生包括经济、社会、文化、环境等多个方面，希望通过设计和控制地方的生态和环境品质，吸引投资者或者原生居民发挥创意，实现文化的繁荣和居民居住环境的提升。

文化旅游形态的游客，对于"百闻不如一见"的体验需求较高，因此，如果文化服务与创意商品能够正确连接，将整体的视觉、听觉、嗅觉、味觉、触觉五感体验进行有效整合，发挥独特的地方特色，配合适宜的品牌经营与营销管理，将可发展成为具备国际特色的旅游产业、文化产业和创意产业，进而将有形的商品与无形的服务联系起来，朝向高单价、高利润、精致化与时尚化等方向发展。

一、地方品牌的结构

通过"一村一品"开启地方品牌化之路。"一村一品"是指在一定区域范围内，以村为基本单位，按照国内外市场需求，充分发挥本地资源优势，通过大力推进产品的规模化、标准化、品牌化和市场化建设，使一个村（或几个村）拥有一个（或几个）市场潜力大、区域特色明显、附加值高的主导产品和产业。

发展"一村一品"成果卓著的日本，于近年连续推动"品牌育成支持事业"计划，以期借由地方产业的振兴，将中小企业扶植成为畅销全球的品牌。"一村一品"运动已成为欠发达国家和地区脱贫致富和经济发达国家振兴地方经济的新途径。这项品牌育成计划的辅导内容包括策略、设计、新商品开发、资讯传播、展示会、通路开拓、智慧财产权及企业化过程。

随着实践的增多与创新内涵的不断丰富，"一村一品"已不再局限于农副产品，也包括手工业产品以及文化产品和服务等。

我们可以借鉴"一村一品"品牌构建计划，从以下6个方面构建、发展地方文创品牌（图1-6）：传统的延续、传统的活化、物产的特色、观光的体验、活动的游客、信息的传播。

图1-6　文创产业的品牌结构

呈坎是一个拥有千年历史的徽州古村落，被誉为"中国古建筑之乡"，曾是朱熹笔下"江南第一村"。"一村一品"的经营模式，可为呈坎导入契合的文化创意思维，在特色探索、资源联结与品牌建构等方面，提供多元的可能性（图1-7）。

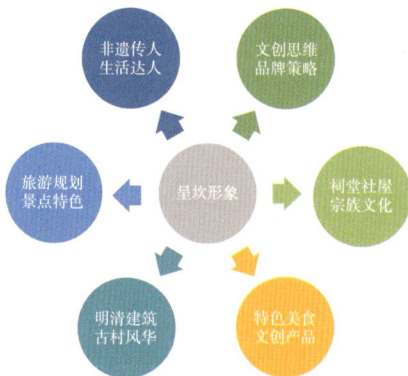

图1-7　呈坎地方的品牌结构

结合品牌、创意设计及营销概念，将文化与在地生活方式及文创产业结合，提升文创产品的内涵层次，透过文创产品传递地方文化象征，这种产品的独特性是其他地方文创产品难以模仿的。

二、地方品牌的策略

近年来，多数的大型企业与全球创意城市已将市场策略与管理策略整合为"品牌策略"，这是因为品牌策略在今日信息化社会的经营模式中，已成为不可或缺的因子。

从造物的工业化社会发展到今日的高度信息化社会，企业或组织提供的不仅仅是实体的商品或服务，同时也对市场传达企业符号与企业信息的"信息价值"；换言之，品牌价值即是理念与行动等符号价值的总和。

在过去工业化社会的市场策略中，着重渲染实体商品的特色，若没有商品的产出，就无法进行商业行为。

在现今的信息化社会中，可借由品牌的力量进行新商品或服务的研发与销售，发挥符号的实际价值。

呈坎的地方再生与品牌构建构想图，如图1-8所示：

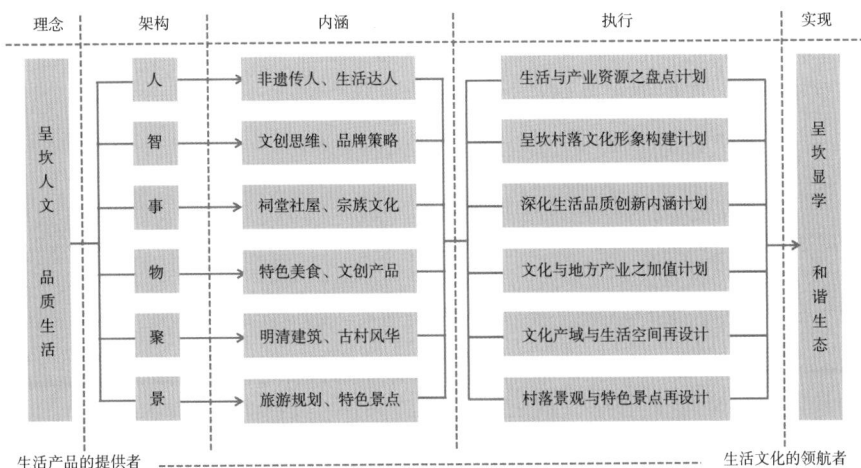

图1-8 呈坎的地方再生与品牌构建构想图

第七节 未来趋势

综合政策、市场需求、投资盈利率等因素，文创产品的投资热将会长期存在。文化产业是科技含量较高的产业门类之一，这些也将成为文创产品未来发展的趋势。

随着文化科技融合进程加快，5G、8K、虚拟现实、人工智能、区块链等新技术不断地落地与推广，新的文化创意产业生态已然呼之欲出。文化旅游融合持续发展，并成为扶贫致富的重要方式和推动力量。文化交流合作在增强文化自信、激发文化创新方面发力，推动传统文化传承发展。2020年初新冠肺炎疫情汹汹来袭，文化创意产业发展也面临巨大挑战，并在疫情影响下加快了数字化、网络化、智能化的发展趋势，数字文化产业将成为疫后带动整个创意产业恢复发展的重要力量。

云旅游、云娱乐、云看展等新业态成为疫情防控期间大热的文化旅游消费。众多景区开辟了线上游览功能或者进行景区直播。各地博物馆纷纷推出网上展览，还出现文艺表演网络直播以及通过网络协同进行的文艺创作。

　　除此之外，文创衍生品、非遗产品等都要提高设计水平，同时加强外观性、便利性、实用性、舒适感，提升产品价值；另一方面，将产品用更好的方式营销，结合互联网和大品牌做"文化电商"。

　　当然，除了结合新技术、新媒体、注重营销方式外，未来还需丰富文化体验形式和文化业态，提升文化资源的利用层次，拓展文化产业发展空间。

　　在互联互通的背景下，文化创意产业和工业、数字内容产业、城市建设业、现代农业等相关行业在不断跨界融合。在"文化+科技""文化+旅游""文化+金融"模式下，文创产业升级态势明显。在文化体制改革的浪潮中，一大批转企改制的影视、出版行业翘楚脱颖而出，而以创意经济为主的时期，更注重文化与科技的融合、创意创新所发挥的作用，是文化产业升级换代的方向所在。

一、未来文化产业发展趋势

　　未来已来，中国文化产业发展将呈现以下五大趋势：

　　（1）供给优质产品，促进国内循环。

　　（2）上云用数赋智，顺应数字化大趋势。

　　（3）文化同根同源，融入区域化大发展。

　　（4）文化点石成金，振兴乡村大产业。

　　（5）讲好中国故事，服务文化强国大战略。

二、未来文化创意产品展望

（一）提高基础应用技术

　　目前很多文献都提出了具有新颖性和差异性的创新思路，如很多学者提出基于4D打印技术的文化创意产品设计思路，但是当前我国的4D打印技术还处于研究探索阶段，在消费级产品中的应用并不广泛，存在技术不成熟、使用成本高的问题，导致现阶段下作为文化创意产品的主要技术稍显困难。因此，提高当前基础应用的科学技术并加强技术的落实推广，可以更好地促进文化创意产品开发设计路径的发展。

（二）创新思维方法

　　当前部分文化创意产品的设计中出现了"为创新而创新"的现象，文化创意产品的设计方法与路径中出现了研究思路同质化、研究问题样板化、实现路径单一化的问题。如当前很多基于文化创意产品的"互联网+"的推广路径，如果换成其他文化创意产品也能得到同样的效果，不具备样本性。基于当前文化创意产品设计所出现的问题，孔洪强提出了一种研发与设计公式，即好的文化创意设计需要好的故事源与工业设计方法结合，并除去太过高昂的成本，再融合时代审美的精神文化链，促进设计产业的创新。因此未来文化创意产品的开发，需要不断细化和创新思维方法。

（三）重视"人本"的设计思路

文化创意产品是我国体现文化自信的重要一环，是群众文化认同的一种实现方式。很多学者在进行科学建模的同时，考虑到有些传统文化太过于小众，认为应逐步巩固群众对传统文化的认同感，用科学的设计思路和建模方法来辅助实施推广。整体来说，任何科学的推广建模、设计建模都是基于人类需求分析计算的结果，这样的生成结果需要深度学习技术进行计算。文化创意产品的推广需要从人的角度出发，考虑人为的情感因素。基于此角度，很多学者认为，文化创意产品的设计者应该具备"企业家创新精神"的内生性思路，通过自身的创新精神加上科学的建模，来实现更好的产品开发。"企业家精神"是一种产品研发过程中以人本为核心的建模方式。在未来，这种建模方式会得到普遍运用。

（四）拥抱技术前沿

在文化创意产品设计迅速发展的同时，提高产品设计的整体可实施性与设计师的科研能力也是非常重要的。如当前一些利用电子墨水屏制作成衣的文化创意产品中，由于电子墨水屏本身存在厚度大、耗电高的问题，服装的板型无法得到保障，只能使用卫衣的设计形式，导致了文化创意产品的时效性不强的问题。2019年，清华大学设计团队推出了柔性OLED面板，融合了该团队二十三年的研究成果。该产品具有成本低、良品率高的特点，这样的柔性屏利用压合的方式设计在文化创意产品的成衣中，可以有效解决服装的板型问题。在当前国家越来越重视科研创新的大环境下，文化创意产品的科技含量会越来越高。未来，将会有更多的前沿技术运用在文化创意产品的设计中。

（五）融合现代商业化路径

文化创意产品设计无论多么科学、优秀，最终都需要来到"面向市场"这一环节。可以说，文化创意产品的最终归宿就是面向市场，一个成功的商业化运营，是文化创意产品在推广中必不可少的因素。随着大型文博探索类节目——《国家宝藏》而"火"起来的"唐妆面膜""贵妃玉容皂"等文化创意产品，入驻天猫旗舰店取得了不错的销量，使国宝文化在日用品行业"潮起来"，后继《国家宝藏》携手天猫新文创，又推出了一系列富含国宝元素又贴近生活的文化创意作品；"大圣之大胜"是一件以传统黄铜材质为主制作的齐天大圣工艺品摆件，并没有高科技与实用功能，但其凭借现代化的技术与销售方法，在集大量时尚与科技类产品的淘宝众筹平台，上线仅23天，就达到了500万的众筹额，创下了史上最高的工艺品众筹纪录。因此，高效的商业化路径是提高产品曝光率、产品知名度的有效方式。有学者认为，企业之间竞争的最高境界是文化的竞争。从当前AJ品牌球鞋，到苹果品牌的高售价高销量来看，都证明了用户本身对公司品牌文化的认同，因此，文化创意产品如何将自身的竞争维度上升到文化层面，是打开未来文化创意产品商业化销售路径需要考虑的现实问题。

三、徽州文创探索

黄山市古称徽州，有着奇幻的自然景观、绝佳的生态环境和悠久厚重的历史文化。物质、非物质文化遗产像是散开的珍珠，需要进行整体性保护、传承和开发。有效挖掘徽州文化资源，大力培育徽味文创产业势在必行。文创产业价值链中最重要的环节之一是文化创意产品设计，未来徽州文创产品设计可以从以下几个方向着手：

（一）徽味无穷

深入挖掘徽州传统文化和民俗文化精髓，结合现代人的饮食习惯和消费模式加以改良和创新，在产品包装、品牌、包装设计、促销活动等各个环节进行创新改进，从而在传统文化和创新方面走出自己的风格。比如结合AR技术的罗氏毛豆腐礼盒包装设计，消费者通过扫描礼盒，可以听到相应的音频，诸如罗氏毛豆腐的由来及营养价值，扫描其他图片还能听到乡音说方言传情。

（二）徽州有礼

"徽州有礼"是一款数字黄山礼物，精选黄山市具有浓郁特色的地方特色产品，并通过行政司法链—版权链的正式上链，形成黄山市第一款正版正品数字礼物。而版权链是以区块链技术作为基础，通过集体维护、数据加密、不可篡改和价值共识机制，制造和提供数字化的信任，并结合国家版权管理体系形成的权威的认证体系。通过"徽州有礼"这一正版正品平台的上链面市，将引领黄山特色产品走向高品质发展之路。

（三）徽匠传承

充分利用互联网资源和短视频、在线直播等创新技术，为不同发展阶段的匠人提供精准的支持，助其开店，拓展其知名度，加速其商业化变现。比如：充分利用直播手段，生动展示徽州匠人的内容生产过程，以交流和互动形式增强用户的参与感，让这些徽文化属性的商品能在网络平台获得不俗流量和关注度，真正以技术手段赋能生活美学。

第二章

呈古——呈坎文化遗产实地调研情况概述

一、古村溯源

（一）地理位置

安徽省黄山市徽州区的呈坎村深藏于皖南万山之中，坐落在新安江汀，位于黄山白岳南麓，东与歙县毗邻，南与潜口接壤，西与西溪南相连，北与富溪相依。平均海拔350米，地域面积82.48平方千米。距205国道5公里，距黄山北站17公里，属于徽州三大旅游核之一的南部城镇群旅游核。

（二）呈坎历史

安徽呈坎，始建于东汉三国时期，距今已有近一千八百年的历史（图2-1），早在宋代就被理学家朱熹誉为"呈坎双贤里、江南第一村"。

始建于东汉三国时期，古名龙溪

东汉三国

1987年前属歙县，1987年黄山市设立，呈坎规划属徽州区

1987

被评为国家5A级景区，罗东舒祠和呈坎古民居建筑群先后被国务院确立为国家重点文物保护单位

2004

唐末

罗氏兄弟迁居避世，改名呈坎

1996

成为安徽历史文化保护区

图2-1　呈坎八卦村历史轨迹图

呈坎是一个明清古建筑保存完整、徽州文化底蕴深厚的自然古村落。唐末，江西南昌府罗天真、罗天秩堂兄弟俩，举家迁入歙县，二人精通地理，他们发现呈坎村周边环境适宜居住，可以同时满足物质和精神的双重需求，故"择地得西北四十里，地名龙溪，改呈坎"，并"筑室而居焉"（元张旭《罗氏族谱序》）。

呈坎，作为罗氏家族的聚居之地，至今已有一千多年的历史，呈坎罗氏，枝繁叶茂，人才辈出，成为歙县"八大家"之一（据罗氏族谱载，歙县"八大家"为槐塘程、呈坎罗、棠樾鲍、长林郑、山前汪、溪南吴、岩镇吕和叶有曹）。呈坎现有居民700余户，人口近3000人，其中75%仍为罗姓。呈坎古村至今仍保持了村落形态的完整性，尤其是古村落所具备的某些现象在皖南古村落中最具有典型性，其保存的罗东舒祠和长春社屋在皖南古村落中具有唯一性。

粉墙黛瓦、炊烟袅袅、薄雾霭霭是呈坎之印象，建筑完整、雕刻精美、文化深厚是呈坎之精华，呈坎也被誉为中国古建筑之乡。

二、山水环境

（一）自然环境

1. 地形

呈坎依山傍水，植物尤为茂盛。东面灵金山，东南列下结山、丰山，西南倚龙盘山、马鞍山，西靠鲤王山、葛山，北有长春山。龙山自西北向南延伸，山势犹如万马奔腾，涌至龙盘，则一马平川，使整个环境构成"左青龙、右白虎、前朱雀、后玄武"的态势，呈坎村恰好处于"藏风聚气"的穴位。

冬季寒冷的西北风被背山所挡；夏季东南风顺河吹来，凉爽湿润，属亚热带季风性湿润气候。春日所有生命都在悄悄复苏，油菜花开，蜜蜂儿忙个不停，农民们也在播种一年的希望；夏日绿树成荫，偶有一场暴雨，便可使山间万物畅饮一番；秋日农民愉快采摘收获的果实，凉爽的秋风让枯黄的树叶像蝴蝶一样在空中飞舞；冬日村民们手提火熜聊聊家常，外面银装素裹，皑皑一片。

2. 水系

山多则水多，潨川河是呈坎的主要河流，贯穿整个呈坎，在呈坎村发挥着不可替代的作用。该河全长19公里，流域面积45.58平方公里，属新安江三级支流。它从龙山与长春山之间进入呈坎盆地，向南汇入丰乐河而后东注新安江支流练江。呈坎地势开阔，面积较大，为农耕生产提供了较丰足的土地资源，呈坎村旧有良田2000余亩，于"处于万山中，绝无农桑利"的徽州而言无疑十分难得。

从大范围来看，呈坎水系属于新安江源流丰乐河的支流。呈坎潨川河在上荣溪下游的石川村处流入丰乐河，丰乐河流经西溪南，在歙县与富资水、布射水、扬之水合并为练江，再流入新安江水库。由此看来，呈坎水系是通往江浙一带的重要通道。在小的范围来看，呈坎古聚落的水系包括潨川河、西边坑、东边坑、窑坑、棚坑和水圳系统。

潨川河是呈坎古聚落域内的主要河流，发挥着极大的作用。从龙山与长春山之间由北向南进入村落，依村东而过，向南汇入丰乐河最后东汇入练江。位于村北的东边坑，经过村西北的水田，在村北口的前罗祠堂东舒祠附近与众川合流。

村南的西边坑，自东北的长春山和灵金山之间经过村南农田，在长春山附近与众川合流。

为了更好地满足村民的生活需要以及适应村落发展需要，在明朝弘治年间，呈坎村村民对村落水系进行了大规模大范围的改造。村民把潨川河河道进行变更，使河道由原来的自北向南变成"S"形穿村而过，形成阴阳鱼的分界线；这样不仅可以扩大村落的建设用地，还可以把原来的直射水形改成"冠带形"，完全符合传统理论中的吉水形态。同时改造重组原有的村落环境，突出左祖右社的布局形制，使整个村落都位于藏风聚气的最佳位置。

3. 气候

呈坎属亚热带季风性湿润气候，四季分明，雨量适中。多年统计结果显示，呈坎一年之中最高气温为40℃，最低气温为-10℃，平均气温16℃，平均降雨量1450毫米。该地夏雨集中，伏秋多旱，冬季少雨。夏季气温稍低，而冬季气温稍高，日照稍短，农作物生长期略长。呈坎全年无霜期约240天。因为呈坎四面皆山，所以可以阻挡一些恶劣的天气。加上村中溪涧纵横，对气候有调节作用，使呈坎冬暖夏凉，适宜人居。

4. 土地

呈坎川地多为红壤冲积土，山区土壤多为红壤、黄红壤，适宜林、竹、茶、香榧、果木、中药等经济作物生长。呈坎四面皆山，所以种植业多选择在山间盆地。这里地势较为低平，气温较周边地区稍高，且接近河流灌溉方便。而周围坡地则适宜发展林业、果业和茶园等。

5. 山体

"山形交错，水色清澄，人情庞实，伦理端严；有田可耕，有水可渔，脉祖黄山，可开百世不迁之族。"古人认定这里是理想的人居环境，遂举家迁此，择地筑室而居焉。呈坎四面高山，有利于夏避东南飓风，冬避西北寒风，又利于避火防灾。

呈坎村落整体形态坐西朝东，完全体现了背山面水的"负阴抱阳"形式。村南有龙盘山、下结山，村西紧靠葛山、鲤王山，村北有龙山、长春山，村东紧靠自北向南的潭川河，河之东是数千亩的田园。呈坎村背山依水，山环水抱，地势平坦，但有一定的坡度，这种优美的自然环境、良好的局部小气候环境正是通过"负阴抱阳"理念的实践所获得的。

（二）道路条件

呈坎有五街九十九巷，街巷与坦一律由花岗岩条石铺筑而成，道路两侧民宅鳞次栉比，排列有序，高低错落。现将呈坎村道路分为三个等级。

一级道路：村落主要通行道路，主要铺路材质为花岗岩条石，宽阔可供车行驶。

二级道路：贯穿整个村落，人畜通行道路，碎石为主要的铺路材料。

三级道路：村内支路，人行步道。

（三）呈坎村选址与布局观

呈坎古民居建筑与水光山色交相辉映，村落依偎在秀山丽景之中，河道蜿蜒穿行，充分体现出整体、自然、朴素的生态美感特征。

罗天真兄弟俩原居江西，他们迁入歙县后没有贸然地定居一地，而是慎重地进行了选择，在选择居住地时，择定了歙县西北四十里的龙溪，改名呈坎。元张旭的《罗氏族谱序》说："盖地仰露曰呈，洼下曰坎""水西边的平地"就是"呈坎"二字的真实内涵。

由于实施了统一规划，古村落呈现出整体美，封闭的地理条件使家族文化得以传承。家族统筹安排、合理利用土地资源以协调人与自然关系的愿望也得以实现。究其因，一是由于呈坎当时是罗氏宗法制度的发祥地，宗法制度相对完备，为保持宗族凝聚力，他们聚族而居，统一进行生态规划是一种必然。人们在寄托厚望、谋求人丁兴旺与家族繁荣的同时，也构建了古村落和谐流畅的整体美，寓意深刻，众望所归。由于这种聚族而居的宗法制度，使呈坎村落更具凝聚力，更利于村落的整体布局和维护；二是生活在"理学文章山水幽"的意境之中的呈坎人们，在建村选址时最善于抓住山水做文章，建筑群体布局时多重视周围环境，或依山傍水，或枕山跨水，力求建筑和自然景观融为一体，以呈自然美。

呈坎古村落生态景观始终反映了人们在生活之中与其赖以生存的环境之间的和谐关系。人们在生存中自觉或不自觉地适应和改造、融入环境，努力与之相协调。社会的发展和村民在物质、精神需求上的提高，促进了乡村聚落环境中生态景观意识的产生。古村落生态景观的意义远远超越了通常人们给自然环境赋予的内涵，成为人们重要的情感基础，也成为人们在自然生态中谋求最佳居住空间和理想模式的载体。

三、建筑面貌

（一）呈坎古建筑群

呈坎村内目前仍然还保存着宋、元、明、清等朝代的亭、台、楼、阁、桥、井、祠、社、民居等古建筑（表2-1），对于研究学者来说具有很高的历史研究价值。虽部分建筑遭到破坏，但因其类型丰富，风格独特，在全国都属独一无二，故有"呈坎民居甲天下"之誉。

表2-1　呈坎古村落现有古建筑统计表

类型	数量	名称
宗教祠堂	6	罗东舒祠、文献祠、文昌祠、晓山祠、舜臣公祠、一善之祠
社屋	3	长春社、永兴社、永隆社
学堂	4	前罗私塾、后罗私塾、后罗小学、濠川小学
古店铺	6	永顺店、钟二街店、王裕成药店、店铺一、店铺二、店铺三
更楼	3	钟英楼、上更楼、下更楼
古桥	5	环秀桥、长春桥、社屋桥、隆兴桥、獬豸桥
古亭	3	左碑亭、右碑亭、环秀亭
古民居	33	罗嗣海宅、罗时祥宅、罗会泰宅、罗伟宅、汪和平宅、罗光荣宅、罗永祈宅、罗永宁宅、罗青益宅、罗来滨宅、罗纯夫宅、程春光宅、杜欢喜宅、胡永益宅、程开复宅、罗来林宅、罗会文宅、罗子琴宅、罗会闳宅、罗会度宅、金小六宅、罗润坤宅、罗进木宅、罗时根宅、汪日辉宅、胡德意宅、罗时照宅、石柱厅、燕翼堂、罗应鹤宅、下屋、树滋堂、桂花厅

图2-2　钟英楼

图2-3　下屋

其中"罗东舒祠"和"呈坎村古建筑群"两处古建筑被先后纳入全国重点文物保护单位进行重点保护。呈坎建筑单体具有保存数量多、程度好、种类多等特点。最具代表性的为包括长春社在内的20处明清古建筑群，包括1处祠堂、1处社屋、1处更楼、2处石桥和15处民宅。

呈坎古建筑建造年代从明早期、明中期、明末清初延至清末、民国，有的甚至可以追溯到宋（长春社）、元（罗进木宅）。它们是构成呈坎古村落独特整体布局的街巷水系的140处古建筑的典型代表，也是皖南古民居建筑（尤其是明代古民居建筑）精品。其中代表性文物建筑有隐含"钟灵毓秀、英才辈出"的钟英楼（图2-2）、被誉为"徽州古城堡"的下屋（图2-3）、唯一仅存的社屋长春社（图2-4）、"扬州八怪"之一罗聘的祖屋燕翼堂（图2-5）、"首善儒宗"的罗应鹤宅（图2-6）等。

（二）现存明代建筑现状分析

古建筑作为历史的载体，承载着呈坎悠久而积淀深厚的村落历史。粉墙黛瓦之间，炊烟袅袅随风散，薄雾霭霭山含黛，建筑雕刻精美、规模宏大。虽然经过岁月的洗礼，外表斑驳已不再如当初一样光鲜亮丽，并且在不同程度上还有破损，与当今的现代化城市建筑有着明显的差别，但呈坎古村落建筑呈现出持续稳定的发展脉络，是对历史文化、社会关系的延续，是徽州文化传承的载体，也是呈坎社会、经济、文化、自然等因素影响的综合反映。呈坎明代建筑现存公共建筑14处，民宅22处（图2-7），消失建筑70余处。这些建筑现存以下问题：

（1）村落公共设施的缺失，在旅游业发展的当下，呈坎休息区域的指示牌、路灯、座椅、垃圾桶等基础设施不尽美观或多有缺失。

（2）村落成为景区后，古朴而富有传统的乡风民俗受到市场经济和现代文明的冲击，大量有价值的文化遗产在追求短期效益下被破坏，民居改民宿的房屋建造缺乏规划和设计，内部空间规划使用存在不合理的现象，造成了空间的浪费。

（3）遗产保护经费有限，造成古建筑因缺乏保护经费而得不到有效保护和修缮，同时保护应急机制的建立也存在困难，一旦出现古建筑突发性破损，当地常常束手无策。

（4）古建筑房屋陈旧，缺乏修缮维护，木材腐朽易坍塌，居民居住及生活存在较大的安全隐患。

以下将呈坎现存明代建筑分为三个等级。

一级传统建筑：建筑保存完好，外观形制、内部构造及室内木雕砖雕等装饰均为传统留存，无损坏，红色区域标注为一级传统建筑（图2-8）。

二级传统建筑：建筑保存较完好，部分发生变化，经修缮或拆除周边破坏

图2-4 长春社

图2-5 燕翼堂

图2-6 罗应鹤宅

图2-7 现存明代建筑

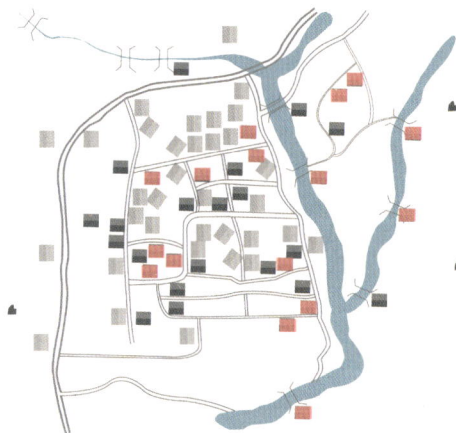

图2-8　现存明代一级传统建筑

图2-9　现存明代二级传统建筑

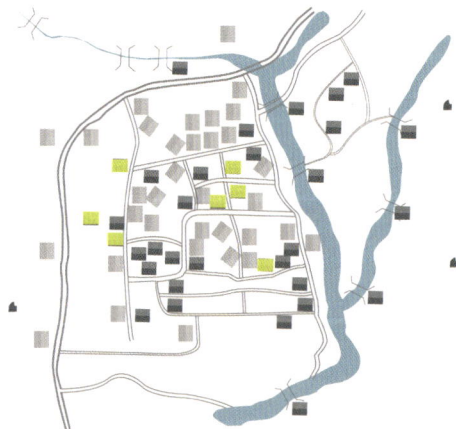

图2-10　现存明代三级传统建筑

性建筑，外观形制、内部构造及室内木雕砖雕等装饰均为传统留存，部分房屋结构使用现代材料进行更替整改，而建筑本体大部分形式未发生改变，绿色区域标注为二级保护建筑（图2-9）。

三级传统建筑：建筑保存一般，大部分发生变化，建筑破损或部分坍塌，外观形制不完整，内部构造及室内木雕砖雕等装饰已不复存在，部分房屋结构变形更改或拆除重建，建筑本体大部分形式未发生改变，墙体斑驳未来得及修缮，黄色区域标注为三级传统建筑（图2-10）。

（三）徽派建筑简述

徽州地处山区，山峭厉而水清激。南方地区的住宅院落很小，四周房屋连成一体，称作"一颗印"，适合于南方的气候条件。南方民居多使用穿斗式结构，房屋组合比较灵活，适于起伏不平的地形。

而徽州建筑受中原建筑文化影响，参考北方宫殿庙宇"叠梁式"木构体系，适宜较大体量建筑，并获得阔大空间。建筑多用粉墙黛瓦，给人以素雅之感。在徽州，房屋的山墙喜欢做成"封火山墙"，可以认为它是硬山的一种夸张处理。在古代这种高出屋顶的山墙，确实能起到防火的作用，同时也起到了一种很好的装饰效果。徽州木构将叠梁式与穿斗式结合，厅堂等建筑主体部分用插梁和叠梁，以获得宏阔的空间。

罗东舒祠享堂和寝殿宝纶阁（图2-11），都以宏阔冠于民间祠堂，台阶扶栏均饰以浮雕石狮，山墙面采用穿斗，形成"插梁穿斗组合式"。而"歇山顶"是民间建筑所能取的最高等级，宝纶阁台高1.3米配以浮雕青石栏板，接近重檐歇山，虽祠中有位高者支撑，仍有僭越之嫌，故取名"宝纶"等方法来遮掩。

图2-11 宝纶阁

（四）徽派建筑面貌分析案例：罗东舒祠

祠堂是明代徽州建筑最重要的类型。徽州大兴土木建造祠堂之风盛于明嘉靖之后，宋元时期，徽州只有极少数家祠。明代徽州经济复苏，休养生息从根本上促进徽州建筑的发展。

徽州古祠堂是举办重大活动的场所，它所蕴含的文化意蕴是徽州宗族文化的重要组成部分，同时也是徽州古村落的重要

图2-12 贞靖罗东舒先生祠

标志之一。一方面徽州古祠堂是宗族权力的集中体现，另一方面也是宗族凝聚力的展示。

罗东舒祠，全称贞靖罗东舒先生祠，位于安徽省黄山市徽州区呈坎镇呈坎北首，坐西向东，东临川河，南临灵金山，占地面积达3300平方米，系明代中后期砖木结构建筑，是徽州古建筑中最具代表性的祠堂建筑，为第四批全国重点文物保护单位（图2-12）。

罗东舒祠堂建于明嘉靖年间，祠堂规模宏大，营造精细，是徽州古建筑的典范之作。该祠堂是由21世祖罗洁宗，为纪念祖先罗东舒而建，是黄山罗氏其中一支的祠堂，属于宗族祠堂的一类。祠堂先建的寝殿，由于毁坏和年代久远，于明万历四十年又重新扩建，一直到万历四十五年才建完。

据相关记载，罗东舒一生淡泊名利，隐居山中，以耕作读书为乐。他积德行善，以仁义之心待人，赢得了"黄鲁直之才"和"欧阳永叔之贤"的美誉。对这样一位备受人们爱戴的先祖，罗氏族人更是敬重有加。据说对他的祭祀仿照曲阜孔庙的礼仪，这在当地是不多见的。

1. 罗东舒祠建筑面貌布局分析

（1）罗东舒祠的选址：徽州人不仅在村落选址时秉节持重，营建宗族祠堂也极为严谨，对于祠堂位置的选定以及朝向的安排都极为严格。宗祠一般位于"坐下龙脉、

有形势"的宝地，地理位置显著，起到引导、统辖的作用，其具体位置一般位于村落首尾和中心。罗东舒祠位于中国安徽省黄山市呈坎村，祠堂坐西朝东，祠堂的前面是灵金山，背面是葛山，在布局上有山有水，是徽州人最为崇尚的理想生活环境。

（2）罗东舒祠的建筑特点：徽州古祠堂一般有三进，一为仪门或大门等，二为享堂，三为寝殿，其中大多数为徽式天井廊院式和徽式民居式。而罗东舒祠，当地人称小孔庙，它的布局几乎是完全仿孔庙而建的，平面布局形式为"四院四进式"。"四院四进式"是罗东舒祠平面布局形式，即由仪门，享堂，寝殿，以及女祠等共同组成（图2-13）。

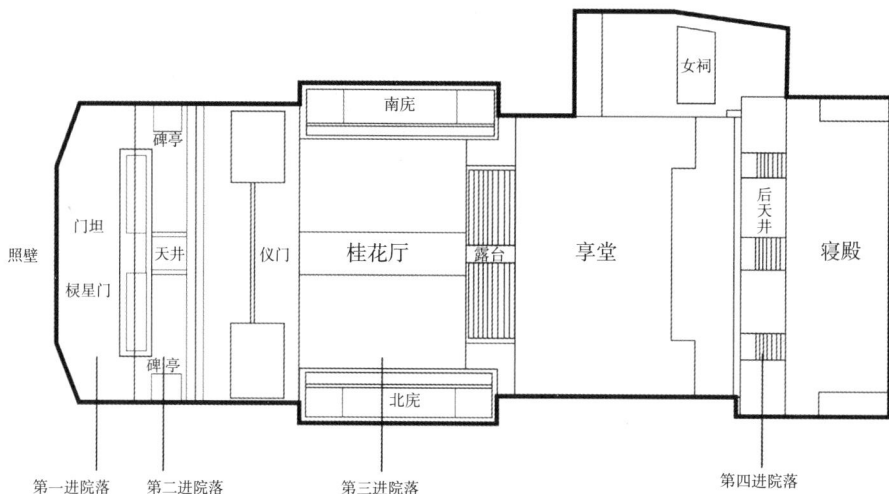

图2-13 罗东舒祠平面布局图

（3）罗东舒祠的建筑布局：罗东舒祠坐西朝东，包括照壁、棂星门、前天井、左右两座碑亭、仪门、两庑、拜台、厅堂、后天井、后寝以及南侧的女祠和北侧的厨房、杂院等部分组成，共四进四院，左右为两庑，现用来存放古代匾额，用于展示之用房（图2-14）。中门上悬"贞靖罗东舒先生祠"横匾，原为明代万历年间大司马江西泰和郭子璋题书，现为我国已故著名文物专家罗哲文所题。

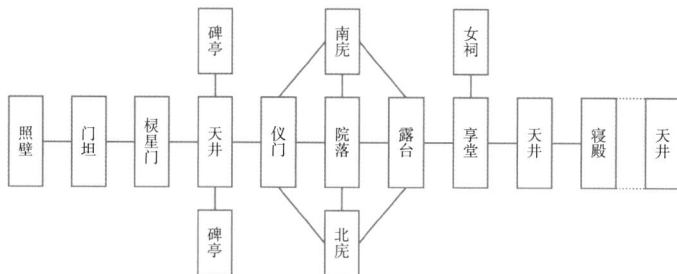

图2-14 罗东舒祠空间序列

仪门 徽州祠堂第一进为"仪门"，由大门和门厅组成。祠堂正门楼为重檐歇山式，采用最高级别的五凤楼形制，罗东舒祠仪门分三间大间（图2-15）。

桂花庭 过了仪门是桂花庭，为罗东舒祠第三进院落，院落由享堂、仪门、两庑围合而成。庭院中间有一条略高于两边地面的甬道，过甬道上二级台阶是一个露台。甬道两侧是左右丹墀，现仅存左边丹墀一株四百余年的银桂，被誉"江南第一桂"（图2-16）。

南北两庑 桂花庭两侧是左右两厢，各五开间，两庑外墙南北突起，单坡屋面向院内倾斜，檐廊中间各有一个仅有两个台阶的石级甬道与院落相通，台阶两侧均有雕刻精美、无一雷同的"螭戏灵芝"石雕栏板各五块，共二十块（图2-17）。

享堂 徽州祠堂第二进为享堂，是宗祠的主体建筑，比第一进高出几层台阶。享堂空间较大，占祠堂全部面积的三分之一到二分之一，是宗族举行祭奠活动时使用最频繁的场所，主要用于祭祀、拜祖和议事。

罗东舒祠享堂沿两庑依两厢廊，或由甬道上拜台，进入宽敞庞大的大厅，即为享堂。大堂后以门隔开为前后堂，门代替屏门，为后寝的照廊以示尊严。屏门上枋悬挂董其昌题书的"彝伦攸叙"金字横匾，字径约一米，堪称古匾之最。享堂后面南北山墙外侧各有边门1个，分别与南边并置的女祠和北边并置的厨房相通（图2-18）。

寝殿 又名寝堂，由享堂进入后天井（第四进院落），分左、中、右三条甬

图2-15 罗东舒祠仪门

图2-16 罗东舒祠桂花庭

图2-17 南北两庑

图2-18 罗东舒祠享堂

道各七个台阶进入后寝。徽州祠堂第三进为寝堂或是寝殿，也是宗祠中最重要的部分。寝堂是供奉列祖列宗牌位的地方，是祠堂内用火祭拜最多的场所，所以徽州古村落大多数的祠堂为防火患，都将寝堂前的天井修建成太平池。

罗东舒祠后寝是整座祠堂建筑群中最精华、最光彩夺目的部分，中为正堂，左昭右穆，由三个三开间加两个楼梯间计十一开间组成，为民间祠堂所罕见。后寝走廊前十二根立脚方石柱一字排开，使得高耸在台基上的寝殿分外轻盈挺拔，有效消减了大木构架重置带来的滞重感，走廊前沿和三道台阶两边用二十六块青石板筑成护栏（图2-19）。

女祠 并置于享堂南侧，小巧的券门框上方的门额为"则内"二字。女祠建筑面积不及男祠的十分之一，呈不规则长方形，由上堂、下堂和天井院落组成。朝向也与男祠相反，即坐东朝西，后寝在东，出入口在西，且没有正门，只有两个边门，女祠的社会功能是赈济族内孤苦贫寒、生活无依无靠的妇女，尤其是抚恤守节完孤、侍奉公婆的妇女，以保障她们的生活（图2-20）。

宝纶阁 宝纶阁的十一开间并非均分，而是由三座三开间加两座楼梯间组成。每座三开间之明间较宽，月梁上施斗栱两攒，次间月梁上则只有斗栱一攒，由荷花大斗托一斗三升栱。伫立享堂后侧抬头仰望后寝及宝纶阁，倍感气势恢宏、美轮美奂，一种庄严、肃穆、神圣、崇高的感觉油然而生，令人心旷神怡。

2. 罗东舒祠祭祀分析

朱熹吸收了儒家思想的孝道教训，认为父母在世时要顺从他们，死后要纪念他

图2-19 罗东舒祠寝殿

图2-20 女祠

们。他在《家礼》中规定："君子将营宫室，先立祠堂于正寝之东，为四龛以奉先世神主""前为门屋，后为寝堂，兼作祭祀之所，又设遗书衣物，祭器库及神厨于其东……其堂为三间，中设门，堂前为三阶，东曰阼阶，西曰西阶，以堂北一架为四龛"。可见程朱理学对祭祀祖先的重视。虽然祭祖是儒家思想的圣训，儒家也不是宗教，而是一种道德的生活哲学，但中国老百姓并不理会这种区别，所以，把祭拜祖先与拜佛、拜神混同起来。

祭祀宗祖是祠堂最重要的功能之一，祠堂的空间秩序在祭祀礼仪中体现了建筑的功能性。祠堂建筑内进行的活动都极其讲究位序，这深刻影响到祠堂的平面格局。祭祖时对故去的人的牌位摆放

位置和活着的人的站立位置都有严格的规定。

罗东舒祠祭祀礼仪进行时，香烟缭绕，钟鼓齐鸣，庄严肃穆，乐队大都设在祠堂第一进仪门两侧。

享堂作为祭祀祖先的主要场所，一般建得高大雄伟，并负有多重功能作用，室内空间宽敞，加添许多装饰，使用材料也最好。在享堂的中间正壁，一般悬挂祖宗容像或祖先牌位图。

祠堂的第三进寝殿是供奉祖先牌位的地方，也是宗祠最重要的部分，祖先牌位及供桌靠后墙摆放，前面留出大部分空间作为族人跪拜之用。从享堂还要再上几级台阶才进入寝楼，显示祖先居于崇高地位，也显示出敬拜祖先的庄重（图2-21）。

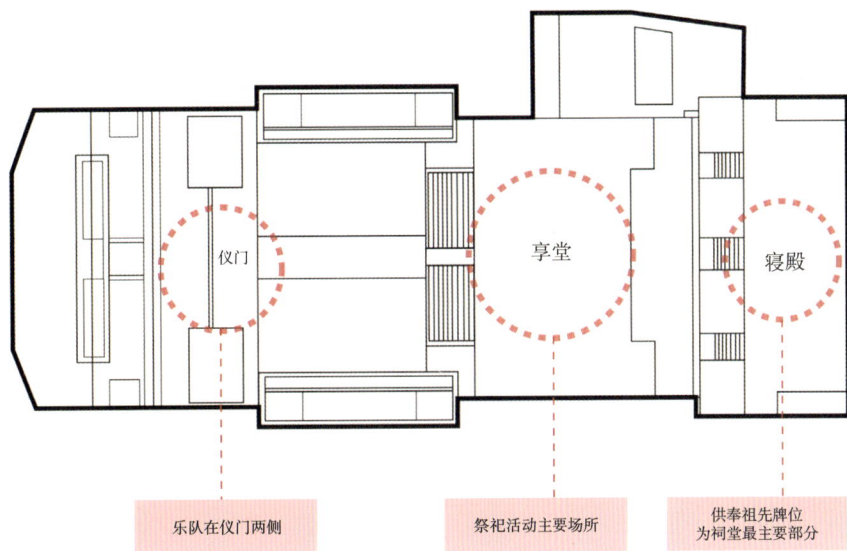

图2-21　罗东舒祠祭祀功能分析图

3. 罗东舒祠建筑材质

徽派建筑常见材料（图2-22）：

（1）木材：徽州地区气候适合林木生长，盛产的松木质地优良，为徽派建筑提供了源源不断的原材料。选材时要严格根据木材自身的质地和尺寸安排用途。如杉木纹理通直、不易弯曲，用于建造祠堂中的大木构件；而像梁、枋等容易受力的构件，则以抗弯性较好的松木居多，通过特定工艺方法，再对材料进行加工；门窗多选用小木件、质轻不易变形。

（2）石材：徽州地处山区，石材同木材一样也是资源丰富，所以在建筑当中也少不了对石材的运用，其中黟县青与茶园石两种比较常见。黟县青又名"黟县清水石"，属于大理石的一种，质地坚硬，需要打磨后才可以令其表面光滑，常被用于建筑当中的抱鼓石、石雕门窗等地方。

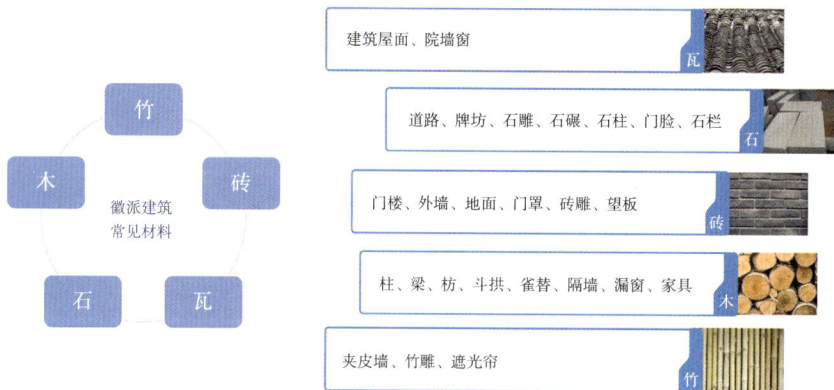

图2-22 徽派建筑常见材料图

因为石材一般尺寸较大，所以通常被作为基座来承受上层建筑的压力，而不用于建筑的高空。在建筑中房屋的下部承重如柱础、栏板、厅堂台阶等地方所采用的石材，又会十分讲究地结合雕刻技艺进行装饰，让石材在庄重朴实当中多了一分华丽典雅。

（3）砖：传统徽派建筑中使用的砖为青砖，所用的制砖工艺也是对我国古代技艺的延续，主要材料是当地的黏土，经过制模、焙烧而成型。徽州地区可以就地取材，使用当地的优质泥土，烧制大量轻质砖块。

（4）瓦：徽派建筑中"瓦"的运用非常广泛，让人印象深刻。瓦片也是烧制而成，在屋面大量使用，"粉墙黛瓦"对比非常明显。瓦同砖一样，也是经过黏土烧制而成的，用来铺作屋面的建筑材料，大片的青瓦铺设在屋顶，从而形成"粉墙黛瓦"的美丽画卷。

（5）竹材：徽州地区的竹子一直作为建筑中的建造原料，竹框架结构的优势在于技术简单，施工快捷、方便拆散异地组建，可以建造全竹结构而不依赖其他材料，以竹骨矩形框架填充泥土直接作为建筑墙体。

罗东舒祠建筑材质分析（图2-23）：

在罗东舒祠中，黟县青用于青石栏板雕刻，而茶园石多用于建筑的地基、桥梁等。祠中内墙角及照壁等皆用青砖，除了在墙面上使用小砖来砌筑，还有一些大面积的砖用于雕刻装饰，对砖的质量和细节的要求较平常民居更为严苛。祠堂以青瓦作顶，中间呈拱形，可以做出上、下槽之分，便于排水和相互间的搭界，既可以避雨又具有隔热的效果。明代施工建造时，立柱上下都略细，梁、枋建造以木为主，木构配件在可视部分都做了精细的雕琢刻镂，刀法娴熟。徽州多雨，罗东舒祠外墙以石灰涂墙，在保护墙壁的同时做到防潮美观。

4. 罗东舒祠建筑部件

罗东舒祠建筑部件营造精细，融"古、雅、美、伟"于一体，是徽州古建筑的典范（图2-24）。

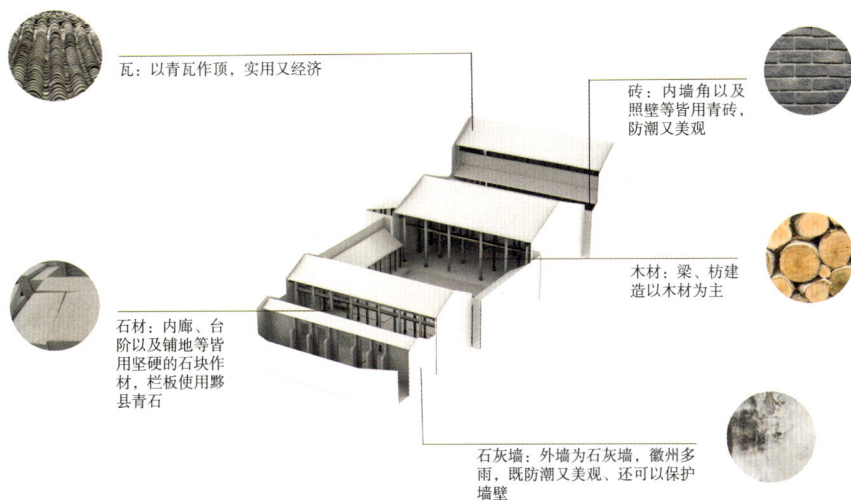

图2-23 罗东舒祠建筑材质分析图

瓦：以青瓦作顶，实用又经济

砖：内墙角以及照壁等皆用青砖，防潮又美观

石材：内廊、台阶以及铺地等皆用坚硬的石块作材，栏板使用黟县青石

木材：梁、枋建造以木材为主

石灰墙：外墙为石灰墙，徽州多雨，既防潮又美观、还可以保护墙壁

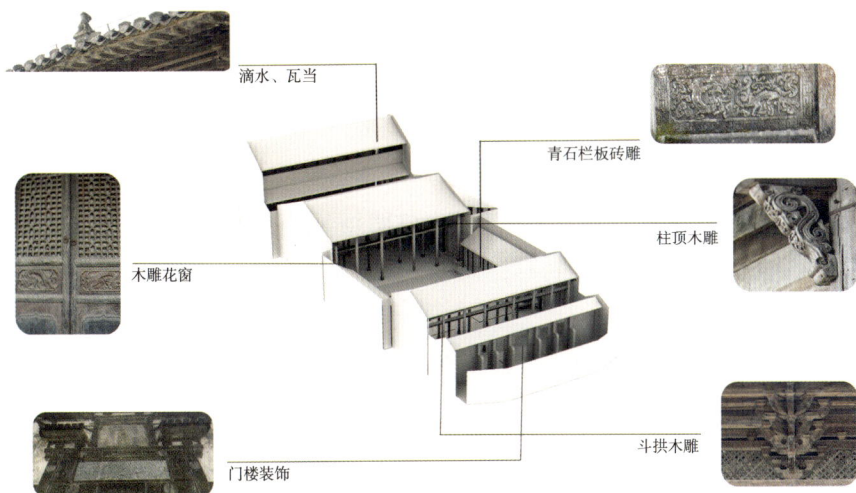

图2-24 罗东舒祠建筑部件分布图

滴水、瓦当

青石栏板砖雕

柱顶木雕

木雕花窗

门楼装饰

斗拱木雕

（1）门楼：罗东舒祠大门配有门楼，主要作用是防止雨水顺墙而下溅到门上。一般农家的门罩较为简单，在离门框上部少许的位置，用水磨砖砌出向外挑的檐脚，顶上覆瓦，并刻一些简单的装饰。罗东舒祠的门楼十分讲究，有砖雕和石雕装潢，用青石和水磨砖混合建成，砖上的装饰形象生动，刀工细腻，柱两侧配有巨大的抱鼓石，高雅华贵（图2-25）。门楼是建筑的脸面，成为体现宗族地位的标志。

（2）格窗：徽州民居沿天井一周回廊采用木格窗间隔空间，有采光、通风、防尘、保温、分割室内外空间等作用。格窗由外框料、条环板、裙板、格芯条组成，格窗图案多采用暗喻和谐音的方式表现吉祥的寓意，如"平安如意"用花瓶与如意图案组成谐音表示；"福寿双全"用寿桃与佛手图案表示；"四季平安"是花瓶上插月

图2-25 罗东舒祠门楼

图2-26 罗东舒祠格窗

图2-27 青石栏板

图2-28 罗东舒祠青瓦

季花;"五谷丰登"用谷穗、蜜蜂、灯笼组合;"福禄寿"用蝙蝠、鹿、桃表示等。罗东舒祠格窗主要形式为方形和字形(图2-26),方形分为方格、方胜、斜方块、席纹;字形分为十字、亚字、田字、工字。

(3)栏板:祠堂里的石栏杆是石雕艺术应用较多的地方,特别是石栏杆上夹在两杆望柱之间、地坎之上的华板,恰似一块画板被镶在"镜框"之中,两面均可雕刻。罗东舒祠的石栏杆很讲究,在形态上已经少有木栏杆的形式了。两根石望柱之间夹一整块石板,上面凿出空洞做出扶手,有的就是一整块矩形石板。在这些栏板上,有的用浮雕手法雕出整幅风光图像,其中的山水植物、城关、楼阁、房舍、牌坊都刻画细致,连水阁、篷船里的人物都清晰可见(图2-27)。

(4)滴水、瓦当:瓦分为大式和小式两类。大式瓦的特点是:用筒瓦骑缝,脊上有特殊脊瓦,材料可用青瓦和琉璃瓦。小式瓦则没有吻、兽,但是多用板瓦。瓦在铺设的时候,沟与沟并列着,瓦沟叠加之后的缝,由于徽州小式做法,用同样的板瓦凹面向下覆盖,沟的最后一块是滴水,并且延伸。覆在陇缝上的筒瓦,最下一块有圆形封头,称为勾头或瓦当,在滴水、瓦当处卷起的是花边瓦,罗东舒祠的瓦片便是如此(图2-28)。

(5)装饰木雕构件:罗东舒祠寝殿的木构配件,包括丁头棋、平盘斗、蜀柱、蝴蝶木、叉手、托脚、替木、驼峰等,在可视部分都做了精细的雕琢刻镂,刀法娴熟，工艺精美（图2-29）。前拱轩的蜀柱采用圆雕技法秀丽典雅，平盘斗高浮雕表面饰以红艳或者金灿灿的粉彩（图2-30）。

5. 罗东舒祠建造过程

罗东舒祠的建造过程概括为四步，第一步设计好祠堂的整体结构，清理地基夯实基础，第二步就开始浇筑地梁，第三步就是主体砌筑，外加墙面进行修理，利用阳灰、沙子，按照一定的比例来修理墙面，展现祠堂基本结构，第四步进行封顶，覆盖瓦片（图2-31）。

6. 罗东舒祠建筑色彩

罗东舒祠在外观上主要运用了黑白灰色，屋檐用青砖建造，而墙面用石灰粉刷，粉墙黛瓦，古朴雅致。但祠堂仪门上的明代彩绘门神在淡雅颜色中跳脱出来，色彩艳丽、图案清晰。不同于北

图2-29 木雕雀替

图2-30 罗东舒祠蜀柱

方官式彩画，其表现形式更加随意多变，保存状况优于其他同类彩画，反映了徽州地区当时的审美取向、生活情趣以及文化状况（图2-32）。

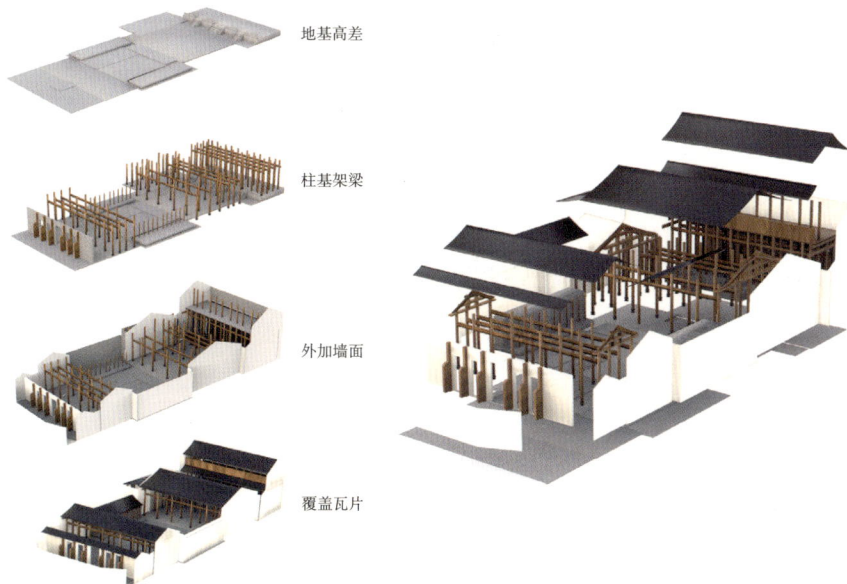

地基高差

柱基架梁

外加墙面

覆盖瓦片

图2-31 罗东舒祠建筑建造过程图

图2-32　罗东舒祠仪门明代彩绘

徽州木雕一般不设色彩，因明初民间建筑禁止设色，清中叶后才出现设色。再者，徽州木雕所选木料以银杏、楠木、红木等名贵木材为主，以还原其本色和纹理为佳。明万历四十五年落成的宝轮阁月梁彩绘（图2-33），图案清晰，色彩鲜妍，以

图2-33　罗东舒祠宝纶阁横梁彩绘三

包袱锦彩绘宝装莲花，浅白浅粉的莲花与包袱的深色相衬托，静谧安宁，典雅清丽。其木构做法上保留了梭柱、月梁、丁拱头、鹰嘴榫等宋代做法，非常珍贵。

罗东舒祠建筑物内部的精美木雕彩绘，除了在视觉上产生华美效果，也能提高空间的相对尺度。宋代《营造法式》中将不设天花，直接于梁架上进行雕刻彩绘的做法称为"彻上明造"，在徽州祠堂的享堂和寝堂中这一手法的运用很普遍，一改天花的压抑和封闭感，使空间产生奇妙效果。

7. 罗东舒祠建筑壁画

徽州壁画即徽派建筑壁画，是壁画的一种，当地百姓俗称为墙头壁画，集艺术性、对称性、思想性为一体，广泛出现于徽州古民居的屋檐下和门楼、窗檐上下，和石雕、砖雕、木雕一样，是徽州建筑的一个重要组成部分，是为徽州建筑服务的。它与一般壁画的区别在

于：它是以一个墙面上的多幅壁画为一体，以儒家思想和喜庆祝福为主要内容，以工笔、写意为技法，以美化徽州民居外墙壁为目的的一种墙面壁画。

一般的壁画，墙壁仅仅是画的载体，如果用现在的国画来比较，墙壁仅仅是壁画的一张宣纸而已，墙壁是为壁画服务的，是基础，画是核心，墙壁的任何装饰都是为了衬托壁画的美和壁画的思想。但是徽州墙头壁画正好相反，所有的墙头壁画都是为墙壁服务的，是为了衬托墙壁的美、衬托建筑物的美，但同时每幅壁画又不失其内涵。这一点，是徽州墙头壁画，也就是徽州壁画区别于其他一般壁画的根本所在。

罗东舒祠墙头壁画主要内容体现的是仁、义、礼、智和忠、廉、耻、勇、诚、敬等儒家思想的人物画，是古徽州人崇尚和维护君臣有义、父子有亲、夫妻有别、长幼有序、朋友有信等宗法等级关系的真实写照（图2-34）。

图2-34　罗东舒祠宝纶阁门楼壁画

（五）徽派建筑面貌分析案例：长春大社

在徽州建筑中社屋没有祠堂那么常见，主要是当地居民为了祭祀土地神、五谷神而建。社屋在形态上较之祠堂小巧，远没有祠堂宏大，空间中所呈现的祭祀、仪式感也远不及祠堂。且祠堂一般位于整个村落的核心地带，而社屋却截然相反，往往位于整体村落的边缘地带。由此可见，社屋的地位相较于祠堂也是差之千里。然而作为独特的祭祀场所，社屋背后所蕴含的魅力与文化特性以及整体建筑的呈现却丝毫不弱于祠堂。

呈坎现存的社屋仅长春大社一座，其优美的结构体系、独特的空间结构使其呈现出连续的力量。长春大社始建于宋，是周边村落居民祭祀土地、五谷神的建筑空间。在春天，村民会在社屋祭祀祈祷秋天的丰收，到了秋天丰收后村民会备丰盛的鸡鸭鱼肉和香火蜡烛于中庭，集体居中列队，让人唱愿戏酬神还愿，虔诚地跪拜祭祀社公，表示对神灵的感激之情，正所谓"春祈秋报"（图2-35）。据"重修长春社记"石碑的记载，"宋中兴年间迁建于此"，明"嘉靖丙寅年秋众姓喜舍重修"。因此，长春大社的主体为明代重修，后寝为清代改建，门屋为新建。

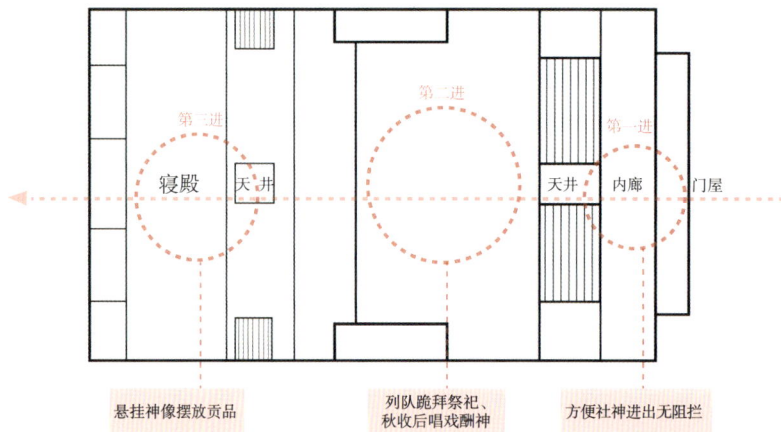

悬挂神像摆放贡品　　　　列队跪拜祭祀、　　　方便社神进出无阻拦
　　　　　　　　　　　　秋收后唱戏酬神

图2-35　长春社社屋祭祀过程图

　　建筑位于村南前街，坐西朝东，与村北前街的罗东舒祠刚好形成了"左祖右社"的布局。社屋门前有一个很大的广场，俗称"社屋坦"，广场的南面就是呈坎昔日的城南水口园林。社屋在村落的位置，通常与村落的边界水口结合，从而与水口的桥、亭、溪、树共同构成村落的水口景观。建筑的形象如屋似庙，体量与民居差距不大，一共有三进二院一坦，由门屋、正堂、寝殿等组成（图2-36）。

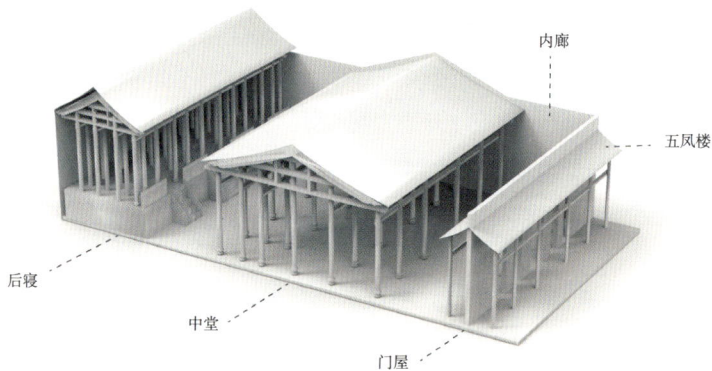

图2-36　长春社建筑示意图

　　门屋有五开间，正间最大，次间和稍间依次缩小，从两侧到中间依次升高，象征着"五凤朝阳"，所以又名"五凤楼"。门屋和祠堂一样，为通透的棂心格扇门，是为了方便社神进出无阻挡（图2-37）。

　　进入门屋后，内廊前方紧邻天井和正堂。天井地面为花岗岩条石铺成，经过长时间的岁月侵蚀，显得有些斑驳，但依旧坚固。正堂中央高悬着"春祈秋报"的匾（图2-38），两边挂有徽州著名书法家黄澍所写的楹联"十雨五风祈大有，四时八节庆丰收"。匾额楹联直接让人感受到徽州人祈求神灵保佑的虔诚之心和丰收后的喜悦之情。

穿过中堂正门，便是后天井，后天井呈狭长的矩形，光照射进狭长的天井，在粉墙上形成一个倾斜的矩形光影，后寝进深是正堂的一半，原来也是7开间，清代重建改为5开间，为穿斗式梁架，梁柱较正堂显得纤瘦一些，梁枋上还绘有生动的凤凰彩绘。后寝棂星格扇后悬挂着土地神和五谷神的神像，左右两侧各有石台用来摆放贡品。

"社屋"体现的是一种无血缘色彩的自然崇拜，这种纯粹的原始信仰，是对生命的一种寄托。古徽州人从社神中汲取力量，憧憬着美好的未来生活，社屋便是人们质朴勤劳，努力生活的象征，让人看到生命之美。

图2-37　五凤楼

图2-38　春祈秋报匾额

第二节　呈坎非遗技艺

根据《中华人民共和国非物质文化遗产法》规定：非物质文化遗产是指各族人民世代相传并视为其文化遗产组成部分的各种传统文化表现形式，以及与传统文化表现形式相关的实物和场所。包括：传统口头文学以及作为其载体的语言；传统美术、书法、音乐、舞蹈、戏剧、曲艺和杂技；传统技艺、医药和历法；传统礼仪、节庆等民俗；传统体育和游艺；其他非物质文化遗产。

徽州非遗是中国文化中一颗璀璨耀眼的明星，其内容丰富、种类繁多，涵盖了国家公布的非物质文化遗产名录十大类，具有很高的学术价值和社会价值，它的形成有其特殊的地域性、民间性和文化积淀，徽州也是安徽非遗最多的地区。徽州（黄山市）不仅有国家级、省级、市级、县级的非物质文化遗产，还有世界级的非物质文化遗产，如徽州传统木结构营造技艺、程大位珠算法就被列入联合国教科文组织人类非遗代表作名录。黄山市是徽州文化发祥地，也是我国第二个文化生态保护实验区核心区域，其中非物质文化遗产种类和数量在安徽全省各市中均位列第一。几年前黄山市文化局采集编纂的《徽州记忆》一书，记录了徽州非物质文化遗产14个大项，其中包括：民间文学（口头文学）934项，民间美术23项，民间音乐16项，民间舞蹈30项，戏曲5项，民间杂技10项，民间手工技艺53项，生产商贸习俗20项，消费习俗30项，人生礼俗37项，岁时节令50项，民间信仰72项，民间知识11项，游艺、传统体育与竞技5项。

呈坎根据其非遗展示特点和分布地区，建立非遗保护利用示范区，创建了非遗传承保护基地，在文化空间上进行非遗及其赖以依存的物质文化遗产、赖以存续的自然环境的整体保护，相关保护项目涵盖国家级、省级、市级、区县级四级保护体系。市级非物质文化遗产"呈坎罗氏毛豆腐"有一百多年的历史，在这里游客不仅可以品尝到鲜美的毛豆腐，还可以免费参观体验手工豆腐的制作流程，切身体验徽州文化。2016年，呈坎景区先后引进非物质文化遗产——徽州木雕、徽州砖雕、徽州竹雕、徽州撕纸、徽砚、徽墨、徽笔、徽州水口、新安医学等"徽州九绝"，涵盖了传统美术类、传统技艺类、民俗类、传统医药类项目，包括了国家级、省级、市级三级名录，在徽州非物质文化遗产中极具代表性，让中外游客能全身心全方位体验徽文化，追寻到徽文化的根源。

一、徽州九绝

（一）徽州木雕

在徽州的"三雕"中木雕最为广泛，木雕的文化元素无处不在，表现形式也不同。木雕的造型多种多样，一般常见的是花鸟鱼虫，具有美好的寓意。主要采用的构图方式是均衡式，整体画面充满张力，以上下或者左右分布的形式，造型夸张。木雕的艺术特色，基本上是量身定做的。随着木材的种类和质地不同，木雕所呈现的效果也不相同，坚硬、细密的木材可以雕刻复杂的图案，松软的木材可以雕刻粗糙、简单的图案形状（图2-39）。

（二）徽州砖雕

砖雕是徽州建筑的重要部分。泥土是砖雕的原料。常见的砖雕装饰主要使用在正门门框上方的门罩上，在水平和垂直交界处起装饰作用，能够深化建筑细节，美化立面。砖雕的题材有花、龙、虎、狮、象、山水、戏曲人物等，雕刻技法有平雕、浮雕、立体雕刻等，体现出浓厚的民间色彩。砖雕最高的艺术形式为镂空式，对匠人们的雕刻技法要求也很高，往往选择植物、花瓶、鱼、鸟、动物等图案，构图上以圆形为主，在画面中成视觉中心点（图2-40）。

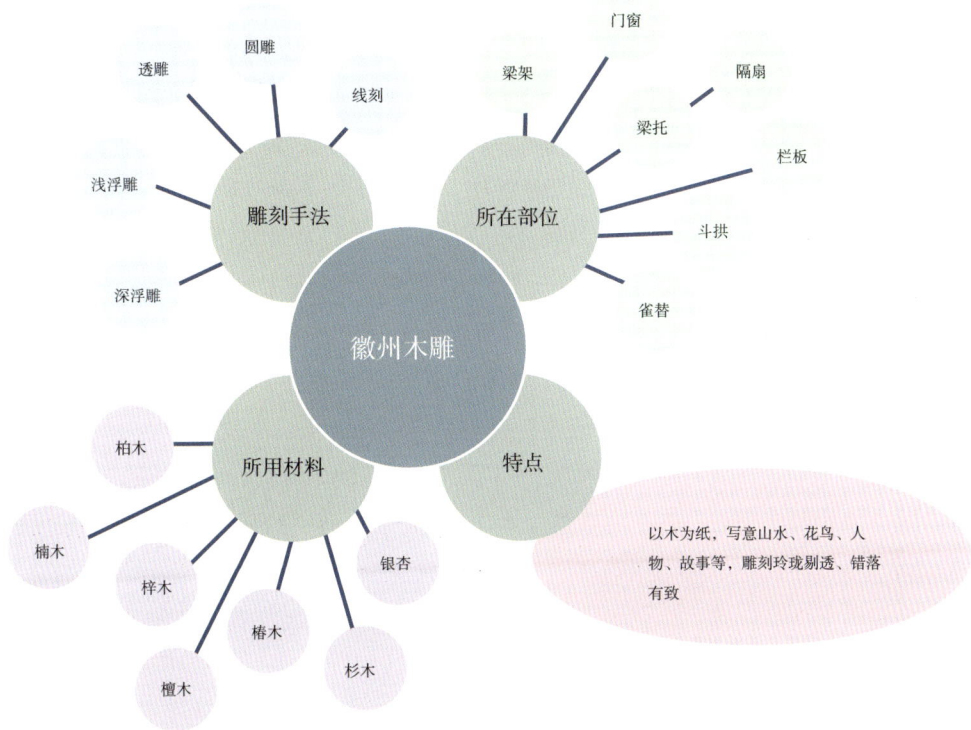

图2-39 徽州木雕概况图

透雕 圆雕 线刻
浅浮雕 雕刻手法
深浮雕

门窗
梁架 隔扇
梁托 栏板
所在部位 斗拱
雀替

徽州木雕

柏木 所用材料
楠木 特点
梓木 银杏
椿木
檀木 杉木

以木为纸,写意山水、花鸟、人物、故事等,雕刻玲珑剔透、错落有致

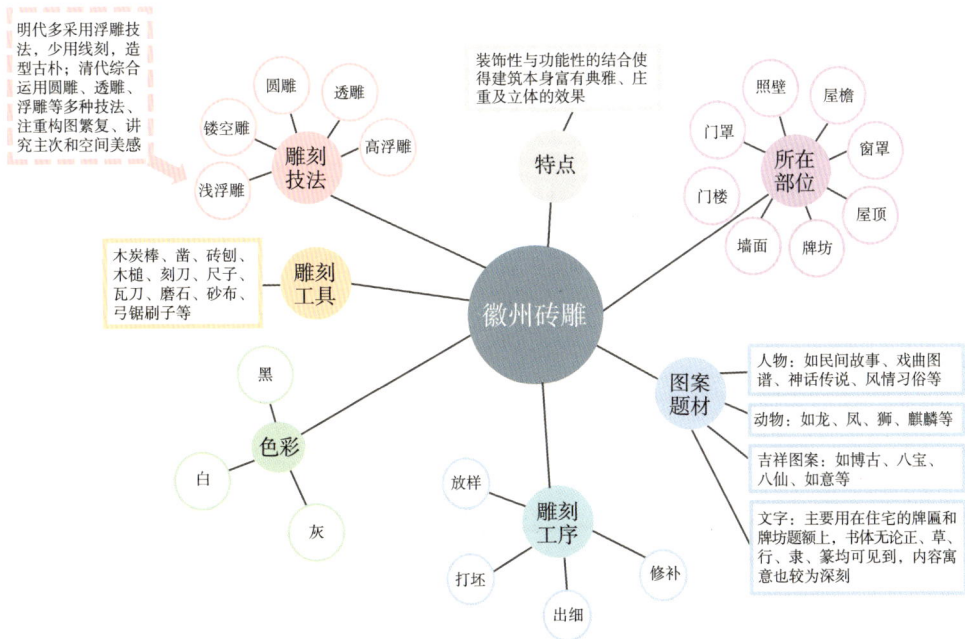

图2-40 徽州砖雕概况图

明代多采用浮雕技法,少用线刻,造型古朴;清代综合运用圆雕、透雕、浮雕等多种技法、注重构图繁复、讲究主次和空间美感

圆雕 透雕
镂空雕 雕刻技法 高浮雕
浅浮雕

装饰性与功能性的结合使得建筑本身富有典雅、庄重及立体的效果

特点

照壁 屋檐
门罩 窗罩
门楼 所在部位 屋顶
墙面 牌坊

木炭棒、凿、砖刨、木槌、刻刀、尺子、瓦刀、磨石、砂布、弓锯刷子等

雕刻工具

徽州砖雕

图案题材

人物:如民间故事、戏曲图谱、神话传说、风情习俗等
动物:如龙、凤、狮、麒麟等
吉祥图案:如博古、八宝、八仙、如意等
文字:主要用在住宅的牌匾和牌坊题额上,书体无论正、草、行、隶、篆均可见到,内容寓意也较为深刻

黑 色彩
白 灰

放样
雕刻工序 修补
打坯 出细

（三）徽州竹雕

徽州竹雕虽材质质朴，但艺术价值却极高。作品经精雕细琢而成，造型小巧，内容丰富：山川树木，亭台楼阁，禽、兽、花、鸟、虫、鱼，战马走卒，村夫田叟，风土人情，无不涉略。徽州竹雕多以立体圆雕、透雕为主，雕刻手法独特，作品立体感强。竹雕的雕刻者们还根据竹子的质地特点，创造出了一些竹雕特有的技法，如留青雕、贴黄雕、薄地阳纹、陷地深刻等，正是这些独特的工艺与通用雕刻手法的有机结合，才使竹雕艺术脱颖而出（图2-41）。

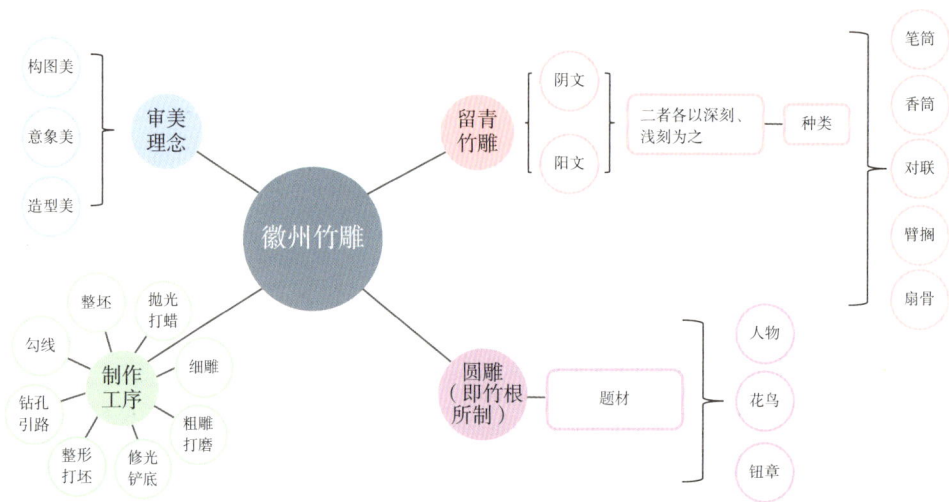

图2-41　徽州竹雕概况图

（四）徽州撕纸

"撕纸书法"艺术是蒋劲华30多年磨一剑首创的，徒手直接把纸撕成书法作品的艺术，是传统书法艺术和撕纸艺术的传承和创新（图2-42）。任意一张纸事先不用笔写，徒手就可直接撕成书法作品，单个字可大到数百乃至上千平方米，气势恢宏、粗犷豪放，亦可小到不到一平方厘米。作品细微有法、精巧雅致，不仅巧妙地把握了纸的特有属性，而且很好地彰显了毛笔书法的韵致，既有帖的意境，又有碑刻的金石味，有着很强的视觉艺术感染力。无论撕的是"印章"还是"书法"作品，经装裱后与篆刻和毛笔书法作品异曲同工，既拓展了纸的艺术创作空间，又丰富了书法艺术的创作内涵（图2-43）。

毛笔书法或篆刻　徽州剪纸或刻纸　撕纸　撕纸书法

图2-42　蒋劲华撕纸书法传承脉络

（五）徽砚

徽砚，歙砚的别称，因
砚石产于徽州府而得名，中
国四大名砚之一，与甘肃洮
砚、广东端砚、黄河澄泥砚
齐名。歙砚产于安徽黄山山

图2-43 "积健为雄"撕纸书法作品

脉与天目山、白际山之间的歙州，歙州包括歙县、休宁、祁门、黟县、婺源等县。歙
石的产地以婺源与歙县交界处的龙尾山下溪涧为最优，所以歙砚又称龙尾砚，而龙尾
山则是大部分存世歙砚珍品的石料出产地。

歙砚因唐代著名书法家柳公权的《论砚》而名震天下，歙石石质优良，色泽曼
妙，莹润细密，有"坚、润、柔、健、细、腻、洁、美"八德。嫩而坚，砚材纹理细
密，兼具坚、润之质，有"涩不留笔、滑不拒墨"的特点，扣之有声，抚之若肤，磨
之如锋，宜于发墨，长久使用，砚上残墨陈垢，入水一濯即莹洁，焕然一新，被誉为
"石冠群山""砚国名珠"。

徽砚制作过程如图2-44所示：

01选石	02设计	03雕刻	04打磨	05上光	06配置砚盒
好的砚石应具有一定的体积，硬度，粒度适中，不能有石筋	观察石料选择主题，赋予不同的图案并描图在砚胚上	掩疵显美，不留刀痕，工序分凿刻和雕刻两步	先用细油石将砚通磨一遍，再用细砂纸水磨至手触无铠为止	施一层薄油养护，按传统应选用核桃油为佳，徽砚一般不做封蜡处理	徽砚均须配砚盒，以保护图饰和铭文，防止尘埃入砚，且对砚起装饰作用

图2-44 徽砚制作过程

（六）徽墨

徽墨，安徽省黄山市、宣城市特产，国家地理标志产品。徽墨品种繁多，主要有
漆烟、油烟、松烟、全烟、净烟、减胶、加香等。高级漆烟墨，是用桐油烟、麝香、
冰片、金箔、珍珠粉等10余种材料制成。徽墨集绘画、书法、雕刻、造型等艺术于一
体，使墨本身成为一种综合性的艺术珍品。徽墨有落纸如漆，色泽黑润，经久不褪，
纸笔不胶，香味浓郁，丰肌腻理等特点，素有抬来轻、磨来清、嗅来馨、坚如玉、研
无声、一点如漆、万载存真的美誉，制作过程如图2-45所示。

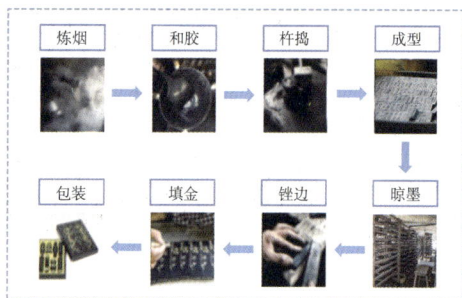

图2-45 制墨过程

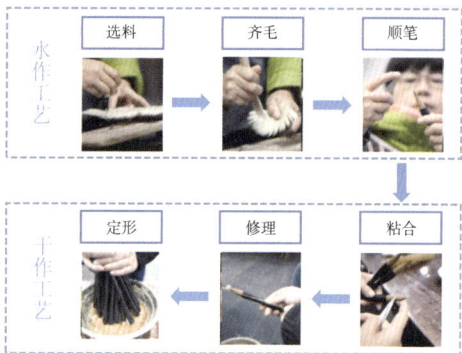

图2-46 制笔过程

（七）徽笔

徽笔，宋代名笔，因产于徽州（今黄山市）而得名，又名"汪伯立笔"，与徽墨、徽砚、澄心堂纸并称为徽州文房四宝。徽笔以"尖、齐、圆、健"四德著称于世，具有含墨量多，易开合，易于控制墨液，宜书宜画的特点，并能充分体现墨色焦、浓、重、淡、清的效果。

一般来说，徽笔制作技艺包括"水作工艺"和"干作工艺"两部分，其中水作工艺流程主要有：选料、齐毛、顺笔等；干作工艺流程主要有：粘合笔头与笔杆、修笔头与定笔形等（图2-46）。

（八）徽州水口

古徽州人认为水口乃是地之门户，有着关乎村落命脉之意。因此，在古徽州人眼中，村落的水口建设尤为重要。在徽州，几乎所有古老村庄的村口，都有着人工修建的痕迹，或一丛树林，或一座石塔，或一幢庙宇，以此构成了徽州村落的"灵魂"——水口。水口，顾名思义就是村镇的溪流出口处，是徽派建筑体系的重要组成部分。

徽州先民们认为，水不仅象征着财富，更象征着村落宗族人丁的祸福兴衰。所以，他们非常重视水口的建设，希望通过对水口的改造，使整个村庄获得福祉、兴盛不衰。于是，历代村民们不断改建水口的环境及景观，使其逐渐发展成独具特色的村落园林，成为中国乡村最古老的公共花园。

呈坎村落水口如图2-47所示。

图2-47 呈坎村落水口

（九）新安医学

新安医学是根植于徽文化沃土上的一朵中医奇葩，其以新安江上游（歙县、休宁、婺源、祁门、黟县、绩溪）为核心区域。始于宋，鼎盛于明清而流传至今。上下数百年间，有文献资料可考证的医家近1000位，著作800多部。名医名著、名派名说、名药名方众多，当地医学博大精深，异彩纷呈，灿烂夺目，具有鲜明的新安特色。

二、徽州石雕

石雕多出现在徽州牌坊门上，体现出的每个时期的文化也有所差异，徽州独特的地理环境使石材具有多样性，高硬度和耐候性是户外建筑石雕的主要特点。石材不会因为风和太阳的影响而改变其本质，因此，石雕的主题更多地反映出徽州人的坚定、永恒、权威和尊严。还有动物和植物元素的装饰，也表达出了温柔和浪漫的主题。由此可见，是柔软和坚硬的艺术结合（图2-48）。

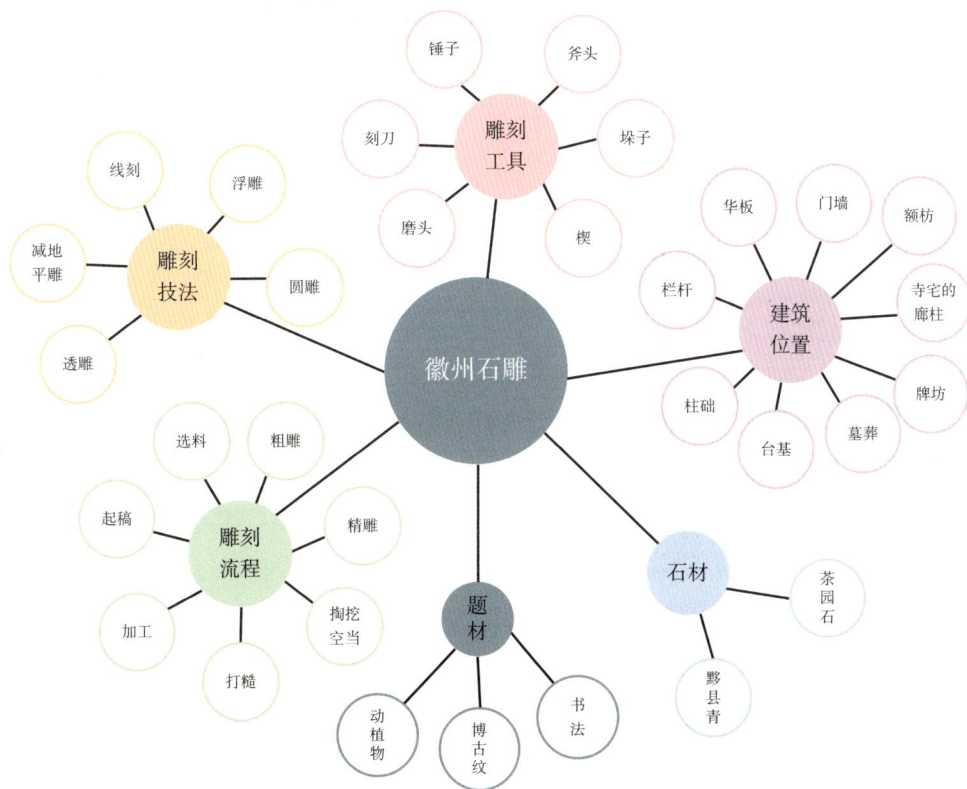

图2-48　徽州石雕概况图

三、徽州竹编技艺

徽州竹编，始于唐宋，盛于明清。竹编即是用毛竹或小野竹剖成竹条和篾片，编制生活用品和观赏陈设品的一种手工编制技艺。竹编制品是人们日常生活和生产劳作不可缺少的一种器具，尤其在以制茶为生的徽州地区，它的作用更是举足轻重。黄山地区盛产翠竹，历史悠久。竹制工艺品分竹编、竹雕、竹拼三大系列，有造型多样、题材广泛、美观实用、高雅别致、色彩鲜明等艺术特点，具有浓厚的乡土气息和地方特色（图2-49）。

徽州竹制器具：有盖元宝菜箩

徽州竹制器具：鸡笼。这只做工精致涂有红漆的徽州鸡笼，平时是不用来养鸡的。春节期间徽州人家嫁女，用这鸡笼放一公一母两只鸡，内盖再放一枚染红的生鸡蛋，由媒婆拎到男方家，称作发喜鸡

徽州竹制器具：食箩

徽州竹制器具：箬笠

徽州竹制器具：竹筐

徽州竹制器具：小匾

徽州竹制器具：火熜

徽州竹制器具：竹凳、竹扫把

图2-49 徽州竹编器具

四、徽派家具

徽派传统家具是中国家具史上优质家具的代表，是徽州本土文化发展与中原文化结合的产物。儒家文化在徽派家具的陈设和个体设计上尤为明显，体现出对"礼制"的尊崇。徽州建筑明堂中央墙壁一般悬挂祖宗画像或祖训，家具依次根据尊卑展开。徽派传统家具具有中国传统明式家具造型稳重洗练、线条简洁流畅、用材质朴、结构合理的艺术特征。除用材没有用贵重的红木外，其他设计特征与明式"苏座"家具一脉相承。早期徽派家具一般很少有装饰或装饰很简单，但徽州家具到了清朝中期后，慢慢发展出一套自己的本地设计特色，家具整体造型由原来的以直线为主，开始向圆形或椭圆形发展，同时家具的体积开始变大，家具的雕刻装饰开始变得繁杂起来。

在徽派传统家具的生产过程中，基本就地取材使用当地木材作为主材，制作过程中基本不使用铁钉或胶，而是完全靠榫卯结构将家具组合起来，这使家具的材料和结构达到了完美的结合。家具制作完成后，匠师将家具表面进行细致打磨，在家具表面涂抹桐油或不施髹漆，保持木料本来的纹理。造型上，徽派家具一般为对称设计式样，同时家具以长直线为主，曲线为辅，整体家具简洁稳重，局部以徽州木雕为装饰，家具风格简约但不简单。整体家具设计浑然天成，是"道"和"器"设计思想的完美融合，也是"天人合一"设计思想的完美体现（图2-50）。

五、徽州漆艺

徽州山区多漆树，盛产优质生漆，加之古徽州千百年来文风昌盛、有着深厚的文化底蕴，特别是明清两朝徽商富甲天下，社会文化和经济高度发达，这些促进了徽州工艺美术的进一步发展。在此背景下，徽州漆器制造业处于一个极为有利的发展空间。徽州漆器早在唐代就以螺钿著名，在宋代，徽州的螺钿漆器有"宋嵌"之称，到了明代技艺更为精巧。徽州漆艺的技巧十分丰富，各

图2-50　徽派家具

工艺阶段具有独特的功能，能创造非凡的艺术效果，每种技法都会展现不同的效果，有时候还会产生出人意料的效果，徽州犀皮漆器制作流程如图2-51所示。

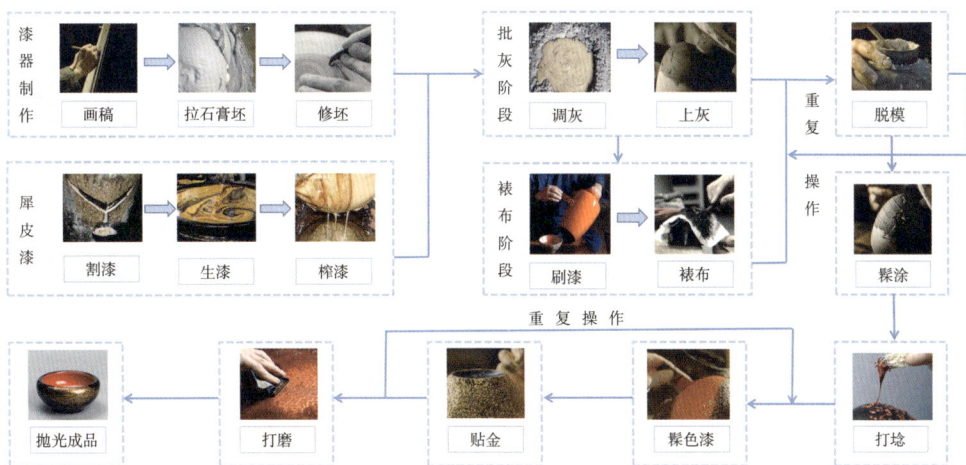

图2-51　徽州犀皮漆器制作流程图

徽州漆艺具有独特的审美意识，即意境美。意境使作品内涵得到提升，具有当地特色，在漆艺中独树一帜。徽州漆艺的意境美如同中国画一样，讲究虚实相生，中国画强调计白当黑，徽州漆艺则计黑当白，都给人以无限的遐想。

第三节 呈坎民俗与文化

一、节庆民俗

在徽州山区，从一年的正月元旦到岁末的大年除夕，几乎每一月份都有节日存在，只是这些节日或者是缘于农事、祭祀，或者是因为纪念和怀念。总之，绝大多数的节日更多带有狂欢的意蕴。徽州的节日习俗与徽州的农事活动密切相关（图2-52），以下介绍主要以呈坎原属歙县为主。

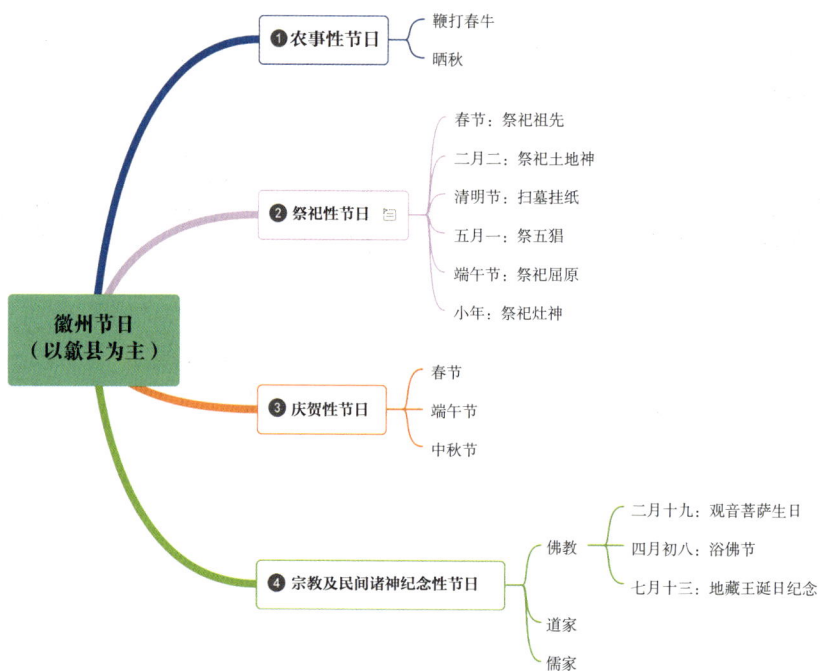

图2-52 徽州节日图

（一）农事性节日

农事性节日主要是指以农业山林生产习俗惯制等为标志的节日，这些节日习俗无一例外地都含有关于农林生产的各方面内容，或祭祀，或庆贺，如呈坎"春祈秋报"的社祭即属于祭祀和庆贺的农事性节日，再如立春时的"鞭打春牛"（图2-53）、秋收时的"晒秋"等习俗都属于农事性的节日习俗。

图2-53 立春打春牛

（二）祭祀性节日

祭祀性节日主要以祭祀天地、神灵和祖先等为主，是以祛恶避瘟和趋吉避凶等信仰习俗为标志的节日。在尊崇祖先和神灵的徽州，祭祀性节日在整个节日民俗中具有极其重要的地位，几乎大部分传统节日都含有祭祀性活动，如春节时的祭祀祖先、二月二日的祭祀土地神、清明节的扫墓挂纸，到五月初一的五猖庙会祭祀等（图2-54）。

图2-54 跳五猖

徽州的祭祀性节日，若再细分之，则主要有四类，即祭祀圣贤、先师、先哲的节日；祭祀捍卫保障乡土的地方神灵的节日；祭祀山川风雨雷电等自然神灵的节日；祭祀被奉之为典型的孝悌忠义之辈的节日。

（三）庆贺性节日

庆贺性节日主要以喜庆丰收，祝福人畜两旺、平安幸福为主题，如传统的端午节、中秋节和春节是一年中较大的庆贺性节日。

图2-55 元宵节戏鱼灯（一）

以春节为例，从农历腊月二十三或二十四日的小年夜开始，庆祝活动就已拉开序幕，旧年除夕和新年初一将春节推向了欢乐的高潮，以后直至正月十八日祖容像撤去之前，都属于漫长的春节范围。春节期间徽州人规模最大的庆贺活动是元宵节前后的灯会和游烛活动（图2-55、图2-56）。

图2-56 元宵节戏鱼灯（二）

（四）晒秋习俗

自古呈坎有着"春祈秋报""十雨五风祈大有，四时八节庆丰收"的徽州社屋民俗，源远流长的社屋文化，使秋天的呈坎充满丰收的喜庆。

呈坎永兴湖畔的晒秋广场上，村民们将收获归仓的玉米、黄豆、稻谷、南瓜和红辣椒五彩缤纷的果实，晒在村中晒场或房前屋后的晒架上，形成了千年呈坎古村特有的民俗景观，宛如一幅令人赏心悦目的丰收晒秋图，丰富的图案、生动的晒秋场景，成为秋天里一道美丽的风景线（图2-57）。

图2-57　呈坎晒秋

呈坎晒秋思维导图如图2-58所示：

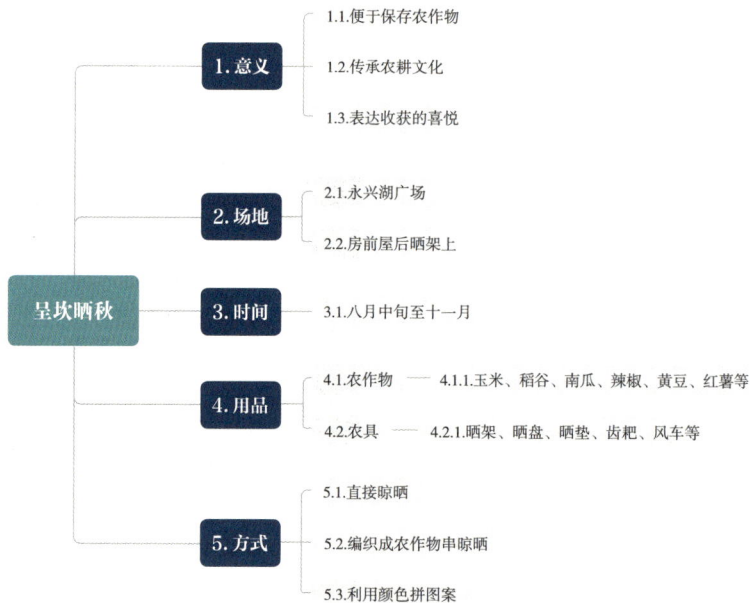

图2-58　呈坎晒秋思维导图

（五）哭嫁习俗

走马彩灯挂中堂，诸亲喜联挂上方，呈坎完美继承了皖南的婚俗，喜气洋洋的婚礼当天，当地人流传"哭嫁"的习俗，是为"哭嫁哭嫁，越哭越发"。亲族乡邻前来送礼看望，谁来就哭谁，作道谢之礼节。喜期的前一天晚上到第二天上轿时，哭嫁达到高潮。这段时间的哭唱必须按传统礼仪进行，不能乱哭。呈坎婚嫁场景如

图2-59　呈坎婚嫁馆

图2-59所示。

二、茶文化

徽州是闻名中外的茶叶之乡，歙县年产茶叶1万多吨，在全国各县名列前茅。徽茶产于黄山脚下的古徽州地区，该地气候属亚热带季风性湿润气候，降水充沛，适合茶叶的生长与栽培。我们在下文以黄山毛峰为例。

（一）生长过程

黄山毛峰的生产在黄山山脉南北麓的黄山市徽州区、黄山区、歙县、黟县等地。
茶树的生长过程分为以下六个阶段（图2-60）：

（1）健全的茶籽，在水分、温度适宜的环境条件下，种壳破裂。

（2）萌发出土，茶籽萌发时，先由胚根突破种皮向土壤深处迅速伸展。

（3）胚芽随之向上生长露出土面，营养的供应要靠子叶内贮存的养分。

（4）茶树开始独立生长后，约经过两年左右时间，根系和地上部分迅速扩大。

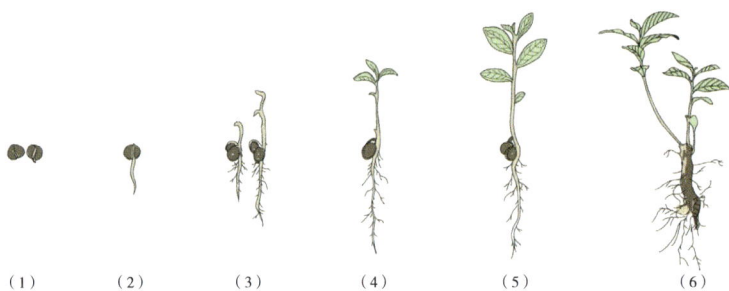

图2-60　茶树生长过程

（5）幼年期可塑性强，是系统修剪培养庞大根系和塑造良好树冠的最好时期。

（6）成年期生长旺盛，吸收力强，养分消耗多，茶叶品质好、产量高，是茶树最有经济价值的时期。

茶树新梢的生育过程是：芽体膨大，鳞片展开，鱼叶展开，真叶展开，驻芽形成（图2-61）。

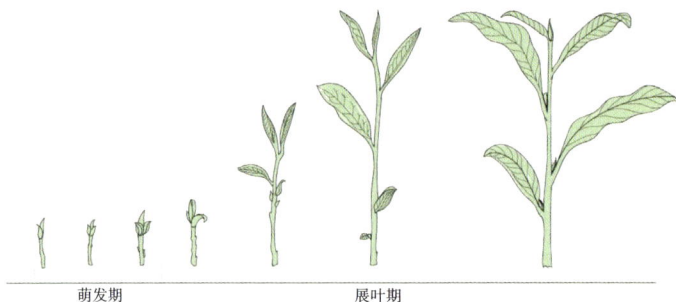

萌发期　　　　　　　展叶期

图2-61　茶叶生长过程

如不加采摘，任其自然生长，则驻芽一般经短期休止，继续生长，这样，每年可重复生长2～3次。但如幼龄茶树修剪或老茶树更新当年新抽发的新梢，多数在年周期内不出现驻芽，全年一次生长。如经采摘，则在留下的小桩上，顶端1～2个腋芽又可各自萌发成为新梢，再供采摘。

据呈坎的生态条件，一般采摘树由越冬芽萌发的头轮梢算起，多数新梢能接连生长3轮，少数新梢能长4~5轮。

（二）制茶过程

制茶的过程是：采摘、杀青、揉捻、烘焙，如图2-62所示。

（1）鲜叶的采摘。采摘是有标准可言的，也是非常有讲究的。茶叶采摘于清明谷雨前后，每隔2~3天可以巡回采摘一次，直到立夏结束，采摘时以一芽一小叶，外形似麻雀舌头的为上品。

图2-62　制茶过程

（2）杀青。杀青是在平锅上手工操作，技师双手将叶子提起快速翻拌、抖散，使茶叶在平锅上受热均匀，不闷气，也不焦，约3~4分钟，茶叶呈暗色变软，稍有黏性。

（3）揉捻。揉捻让茶叶细胞中的内含物质溢出。轻揉1~2分钟，直到茶叶稍卷弯曲即可，揉捻时边揉边抖，压力要轻，速度要慢。

（4）烘焙。烘焙分初烘和足烘。初烘时每只杀青锅配四只烘笼，火温先高后低，第一只烘笼烧明炭火，烘顶温度90℃以上，以后三只温度依次下降到80℃、70℃、60℃左右。边烘边翻，顺序移动烘顶。初烘结束时，茶叶含水率约为15%。初烘过程翻叶要勤，摊叶要匀，操作要轻，火温要稳。初烘结束后，将茶叶放在簸箕中摊凉30分钟，以促进叶内水分重新分布均匀。待初烘叶有8~10烘时，并为一烘，进行足烘。足烘温度60℃左右，文火慢烘，至足干。拣剔去杂后，再复火一次，促进茶香透发，趁热装入铁筒，封口贮存。

三、饮食文化

（一）罗氏毛豆腐

呈坎独特的地理环境和温润的气候，孕育出了一种特有的食物——这些附着有白色菌丝的奇特食物"毛豆腐"。相传徽菜名品"毛豆腐"的创始人罗秀峰，就是呈坎人。村中有一处"毛豆腐之家"，主人是罗良平夫妇，这一家的毛豆腐远近闻名，每天都供不应求（图2-63）。

豆腐上浓密的绒毛是毛霉菌的菌丝，是它们赋予豆腐新的活力。菌丝间细小的黑色颗粒，是散落的毛霉菌孢子，那是毛豆腐成熟的标志。毛豆腐的吃法可繁可简。发酵后的豆腐内部已经大为不同了，毛霉菌分泌蛋白酶，让大豆蛋白降解成小分子的胨类、多肽和氨基酸。这一系列转化，赋予了豆腐异常的鲜美。呈坎罗氏毛豆腐制作过程如图2-64所示。

图2-63　呈坎罗氏毛豆腐

01 制浆	02 点浆	03 定形	04 切块	05 乳化
精选优质豆用水清洗，浸泡磨碎，热至沸腾为止，自然冷却到75℃	淋浆水自然放置三天备用，按重量比注入备用淋浆水，搅拌凝固	将凝固的浆料注入放置有滤布的模箱内	加压成形后出模，切成小块	环境温度为15~25℃，经过3~5天后豆腐表面长出绒毛

图2-64　呈坎罗氏毛豆腐制作过程

（二）石头粿

说起这石头粿，可是和毛豆腐一起上过《舌尖上的中国》的，它是徽州传统面食，早在清代即负盛名，是众人皆知的美食。粿是徽州地区当地人的俗称，因为制作中用石头压住，所以称为石头粿，也叫黄豆肉粿。徽州人将豆油或菜籽油加盐拌和在面粉里，用中间可以滚动的木头辖辘，将油面团辖制成圆圆的粿胚，包入用黄豆炒熟后石磨磨成的豆黄，然后在平底锅中，加块祖传的砖头压着，以文火烫熟（图2-65）。

图2-65　石头粿制作

图2-66　手工制菜籽油图

（三）菜籽油

徽州菜籽油的制作过程，需要工人们推起重达100公斤的撞锤敲打木楔子，反复榨打连续三个小时后，黄亮亮的菜籽油就细细流淌下来（图2-66）。菜籽油在中国有千年的历史，富含单不饱和脂肪，有利健康，媲美昂贵的橄榄油，是徽州人家厨房必备的食材。

四、过坎文化

千百年来传承的"游呈坎一生无坎"的过坎文化，在村口就体现得淋漓尽致。

平安坎两边有一对神兽，神兽是呈坎独有的守护神，在整个徽州很少有人知道它的名字和写法，名字叫"魖"（读音"tun"），写法是：一个鬼字，去掉里面的勾，加上一个繁体的"進"字，为进鬼吞妖之意，"魌"这个字在字典里无法查到（图2-67）。相传"魌"是紫微星下凡时手上牵的神兽，用来保人间平安。它有一种习性，那就是只进不出，为进鬼吞妖之物。吞进的是鬼妖、晦气和邪气，给人们留下的是祥瑞之气。

两神兽之间的门坎叫作"平安坎"。过坎要注意：男士迈左腿、女士迈右腿，男女均须从坎的正中央迈过，不能踩踏（图2-68）。

图2-67　魌（读音"tun"）

五、谦让文化

呈坎村内有的街巷过于狭窄，为了避让迎面而来的尊长，青石板路上间隔不远就会砌一块稍长一点的石头，延伸到水圳上的长条石名为"谦让石"，寓意谦卑、礼让。这样两人相遇，一个人可站到谦让石上，以便让对面的人先行通过（图2-69）。

六、楹联文化

牌匾多是呈坎村的一大特色，古匾是家族世代荣耀显贵的标志。从宋代、元代、明代到清代，现保存完好的历代名人古匾仍有50多块，可以称得上是"中华一绝"。其中，宋代的"大司成"为我国保存最久的古匾，距今已有700年的历史（图2-70）。除此之外，呈坎还有被誉为"匾中之王""天下第一匾"的"彝伦攸叙"匾，是我国古匾中现今保存最大的木匾，为明代大书画家董其昌所题。

图2-68　呈坎平安坎

图2-69　呈坎谦让石

图2-70　呈坎大司成匾

威严的匾额诉说着呈坎村千百年来的光荣与丰功伟绩，这是呈坎儿女一脉延续的精神财富。

通过对呈坎村的深入走访和调研，重点考察村落与建筑场所，记录非遗技艺，体验呈坎的人文精神和风土人情，运用SWOT模型全面分析了呈坎文创产业发展的影响因素（图2-71）。

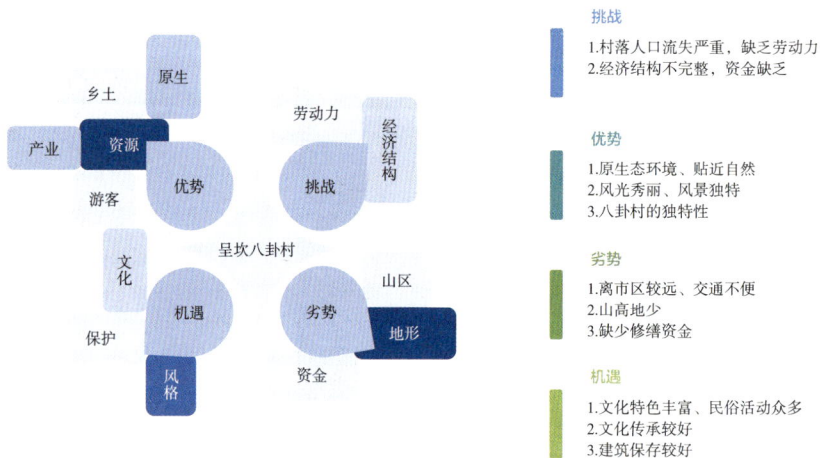

图2-71　呈坎SWOT模型分析

SWOT模型分析又称态势分析法，是策略分析在经济管理学领域最常用方法之一。主要将与研究对象相关联的内部因素的基本优势（Strengths），存在劣势（Weaknesses）以及对研究对象发展可能产生影响的未来机遇（Opportunities）和预知威胁（Threats）进行分类并通过系统分析法，把各个因素相互连接、比较、重构得出策略性结论。

第三章

融新

第一节 呈坎文创产品品牌IP化的构建与设计研究

IP是"intellectual property"的缩写，翻译过来便是"知识产品"，在现今互联网发展背景下，各品牌都争相树立自己的文创IP，一个有内容的IP不仅可以丰富品牌文化的内涵，还能促进品牌延伸，拓宽品牌的发展道路。文创IP为文化注入新鲜血液。我国在近几年也越来越重视文化产业发展，例如故宫文创，其有趣、可爱的形象得到了年轻人的认同，而且增加了年轻人对中国传统文化的归属感，同时拉动了国家经济发展。

在如今的数字化传播时代，实行文化创意品牌化战略，打造文化品牌推动其传播与创新，无疑能使文化更好地进入大众视野，打破固态贮存式的壁垒保护，实现文化与经济效益的最大化。

在国家与地区的政策引导下，文化创意产业的价值也越来越高，基于这样的时代背景，本方案旨在推进呈坎的文化创意品牌道路，塑造独具风格的文创IP产品，培育更多年轻受众群体，从多个维度为受众带来情感体验与共鸣。针对其现有的传承困境，进一步提升呈坎村落的认知度，从而推动徽州文化形成规模化的社会集群效应（图3-1）。

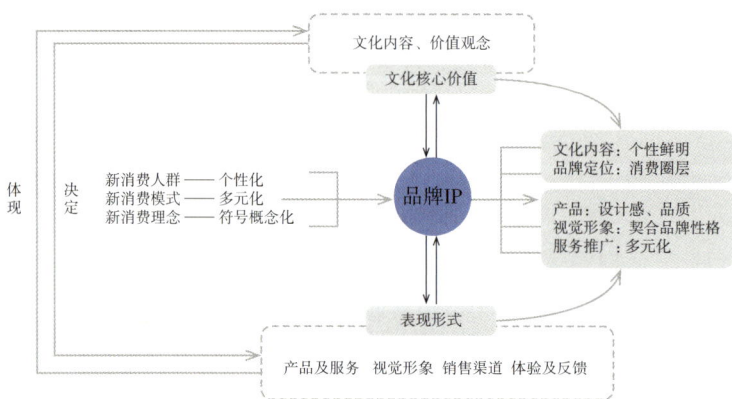

图3-1 新时代下文创品牌发展趋势

徽州传统村落众多，目前各个村落之间同质化严重，创新能力明显不足，很多村落并没有深入挖掘地域文化内涵，缺乏核心的主题整合，本来是"十里不同风，百里不同俗，千里不同情"，却给人千村一面的感觉，传统村落的多样性被抹杀。虽然拥有足够的文化厚度，却没有展现其丰富的内涵，没有形成具有自身文化特色的品牌。

一、呈坎旅游文创产品调研分析

（一）呈坎文创产品设计的调研

设计开展前，作者调研了黄山市当地的旅游文创设计，通过对本土市场文创产品的调研分析，学习优秀的文创设计，发现存在的不足和问题。

黄小徽是黄山全域旅游发展有限公司旗下的一个文创品牌，是以黄山仙境中的快乐精灵为原型进行设计的人物形象IP，并通过黄小徽的形象开发出黄山奇松、怪石、云海、温泉演化成的四个小精灵的一系列优秀的衍生品（图3-2）。黄小徽文创融入了黄山和徽州两大核心元素，在风光、建筑、事件、人物中汲取设计灵感，打造出代表黄山旅游的全新IP形象，大胆创新融合了现代审美意趣，值得本次课题研究与学习。

图3-2 黄小徽文创IP形象

通过对黄山优秀的文创设计调研得知，文创产品的成功要抓住文化的特征，注重细节，注重文化特色的体现，同时注重差异化，提取出当地的文化特色。在保留文化特色的基础上对人物形象进行现代审美的融合，最后，注重品牌的推广，借助互联网等营销渠道进行宣传，提高品牌知名度，吸引消费者，推动当地经济发展。

（二）问卷调查及报告分析

作者针对研究的内容进行了问卷调查，从消费者对呈坎文创产品的关注点中分析出旅游文创产品会受到的影响因素。通过对线下问卷和线上微信、微博、QQ等社

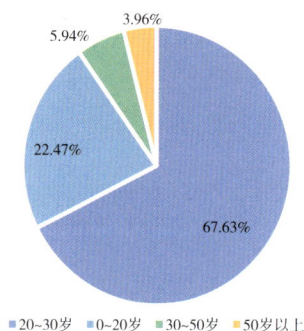

图3-3 调研人群年龄分布

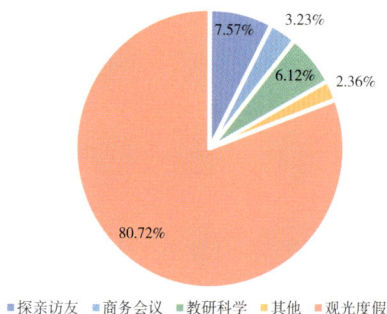

图3-4 调研人群目的分布

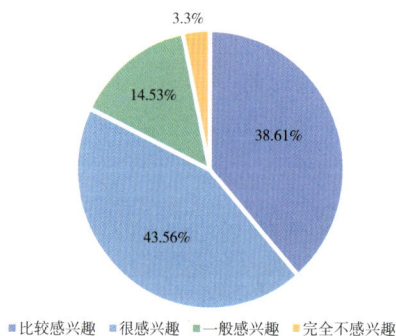

图3-5 呈坎文化兴趣程度

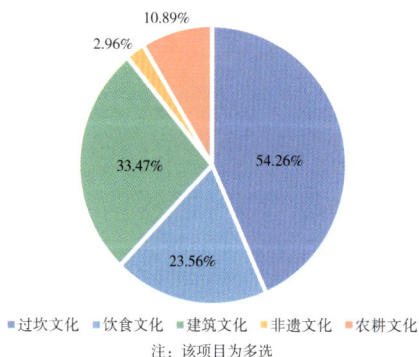

注：该项目为多选

图3-6 呈坎文化种类兴趣程度

交软件发放二维码链接的调查方法，共发放调查问卷120份，收回有效问卷101份。作者依据问卷，对调查人群年龄段和旅游目的的数据采样进行了图表分析（图3-3、图3-4）。本次"呈礼吞吞"主要以热爱旅游的青年人群为主要的目标客户群体，调研亦证明，青年人群所占比重较大，年龄多集中在20~30岁，来呈坎的目的中，观光度假占比重较高，达到67.63%。

为了明确"呈礼吞吞"品牌在文创设计中所要解决的具体问题，在调查问卷中还设置了几个问题，用以了解目前呈坎旅游文创产品设计的不足之处，以便了解大众对呈坎旅游文创产品的设计需求。作者分别从"了解文创产品的渠道、更喜欢哪种类型的文创产品、可接受文创产品的价格、期望产品具备什么功能、对文创的基本要求"等方面进行调研，并对收集到的信息进行整理和数据图表分析。通过调研显示，对呈坎文化很感兴趣的人占43.56%，比较感兴趣的占38.61%，利于呈坎文化的推广（图3-5）。

而对过坎文化感兴趣的人占54.26%，占比最高，其次为建筑文化，占比33.47%（图3-6）。

有63.37%的人认为文化创意产品的消费行为会受到社交媒体的影响，说明利用社交媒体进行文化创意推广的重要性。所以此次设计中，希望通过社交媒体能够更有效地推广呈坎的旅游村落形象（图3-7）。

而在呈坎文创品牌意向调查中，有58.42%的人愿意购买专门制作呈坎文

创产品的品牌，意愿一般的占37.62%
（图3-8）。作者以"呈礼吞吞"品牌作为
造型设计部分的依据。

二、关于"呈礼吞吞"文创品牌

（一）呈礼吞吞文创品牌定位

文创产品的设计定位是进行文创产
品设计的基础，在整个设计过程中起着
引领方向的作用，所以品牌定位也决定
着一件产品的风格。此次研究，作者通
过实地调研和网上问卷调查分析，对品
牌设定了合适的方向，为后续的创作实
践打下基础。

1. 人群定位

在文创产品设计定位中，人群定位
是首先要考虑的问题，而通过之前的问
卷调研分析，在各个年龄段的调研人群

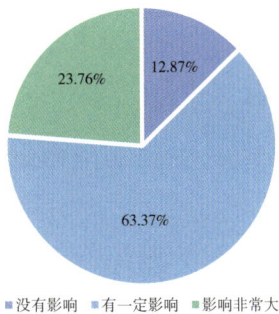

图3-7　社交媒体影响程度

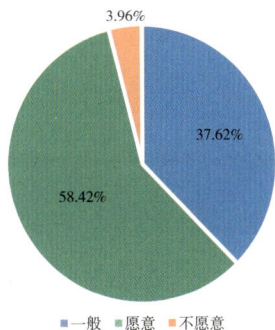

图3-8　呈坎文创品牌消费意向调查

中，20~30岁的人群对于此类文创产品具有较高的购买力。于是根据这一调研结果，
在文创设计上消费人群主要定位在20~30岁的青年人，在设计上贴合青年人的消费心
理，创作出契合他们需求的文创设计作品。

2. 情感定位

情感定位是一个品牌核心价值的组成部分，品牌除了强调产品的属性和功能之外，
还需满足消费者的心理诉求，因此本课题在品牌名称确立时，将品牌起名为"呈礼吞
吞"，取呈坎神兽'兕兓'（读音"tun"）的同音，以传递出神兽祛凶纳祥的美好寓意，
同时意为呈现呈坎的礼物，作为礼物送人时，希望传递出一种温暖、美好的情感。

3. 风格定位

本次设计希望通过"呈礼吞吞"文创品牌更好地推动呈坎文创的发展，设计出符
合当代年轻人审美的作品。因此，"呈礼吞吞"的品牌风格定位为具有趣味性、年轻
化的设计。

4. 文化定位

呈坎是一个具有深厚历史文化底蕴的传统村落，既古老又现代，过坎文化作为呈
坎的标志性文化，更是蕴含着宝贵的价值。

（二）吞吞IP形象的元素提取

IP原本是知识产权的意思，但在营销领域逐渐演变成指代品牌形象的一个术语。随着泛娱乐化时代的到来，越来越多的品牌开始打造自己的IP形象，这些生动有趣的形象不仅可以吸引粉丝，获得用户对品牌的好感度，而且可以加强品牌认知。IP通过打动粉丝的情感然后进行商业运营。

在IP形象设计时，将角色视觉化展现，通过具象的图形设计，从辨识度、亲和力、拟人化等多个角度出发，让IP形象生动鲜明，更贴近人群生活。呈坎品牌IP形象选自过坎文化中过坎兽"tun"，过坎兽造型古朴端正，基于石塑似狮非狮的原型，以刚劲有力的瑞兽为本体，结合狮子与麒麟的特征进行提炼与演化，以鳞片为身体纹路，选择身体比例为两头身，将其设计成具有亲和力的动态化萌系卡通形象，使其具有辨识度和记忆度。形象主色调使用晒秋时粮食的橙黄色和呈坎山水的青绿色为主，黄、绿、蓝三色搭配是众多非遗文化的常用配色，另添加一些明亮的色彩作为点缀，增加形象的趣味性和视觉美感，同时也体现出呈坎村落农耕文化的特色，添加细节后的IP形象显然更加饱满生动（图3-9）。

图3-9　吞吞IP形象元素来源

（三）吞吞IP形象设计

角色确立是品牌IP的精神内涵，也是IP形象内核延展的创意来源。设计中对吞吞IP形象文化元素进行了分析（表3-1）。

表3-1　吞吞IP形象文化元素分析

文化空间	设计属性	文化属性要素分析
外在层次	造型	石雕神兽抽象细化
	比例	头身卡通比例1∶1
	表情	"萌文化"特征，外露小虎牙
	色彩	晒秋时粮食的橙黄色
	表现风格	流行的扁平风格增加卡通元素

文化空间	设计属性	文化属性要素分析
中间层次	功能性	文创周边、表情包等
	适用场景	适用场景广泛、可塑性强
	观感体验	有强记忆度、易联想村口石雕
内在层次	文化特质	当代审美特质
	故事性	具有传说故事的代入感
	感情性	表达年轻人的乐天态度
	趣味性	诙谐幽默、形象具有吸引力

　　吞吞是呈坎古村落的守护神，一个热爱呈坎传统技艺的小兽，拥有萌哒哒的外表，但却是个傲娇露出虎牙假装凶巴巴的小大人，力量强大，乐观热情，让吞吞的性格立体化，更能拉近IP与受众的距离，产生共鸣。

　　草图绘制基于石塑似狮非狮的原型，以石雕的瑞兽为本体，结合狮子的头部与麒麟的角，以鳞片为身体纹路，"福""寿"等具有美好寓意的文化元素也凝练其中。进行草图绘制时，将这三个形象进行中和，尽可能保留石塑身体形态的同时，凸显活泼机灵、可爱有趣的性格特点，后期图形演变由繁化简，进行分解和重组（图3-10）。

图3-10　吞吞IP形象草图构想

　　结合以上，作者对IP形象进一步完善，并进行配色设计。形象主色调分别使用晒秋时粮食的橙黄色和山水的青绿色为代表，黄、绿、蓝三色搭配是众多非遗文化的常用配色，另添加一些明亮的色彩作为点缀，增加形象的趣味性和视觉美感，同时也体现出呈坎村落农耕文化的特色，添加细节后的IP形象显然更加饱满生动，主IP的形象设计与配色方案确定后，就是进行全部视图的电脑绘制（图3-11~图3-13）。

图3-11　吞吞IP形象

角色介绍　　吞吞

一只守护呈坎村落的神兽

姓名：吞吞

爱好：毛豆腐、嬉草龙

性格：内心善良、傲娇喜欢恶作剧

特点：吞吞是呈坎独有的守护神
　　　用手触摸它的舌头时，就
　　　会将晦气和邪气统统吞掉
　　　留下的全是祥瑞之气。

图3-12　吞吞IP形象介绍

角色三视图　　吞吞

正面　　　　侧面　　　　背面

图3-13　吞吞IP形象角色三视图

（四）"呈礼吞吞"文创品牌标志设计

标志作为带有特殊含义的视觉符号具有非常丰富的内容，其往往包含特定的意义，可以通过特定的事物来表达抽象的精神内容。例如方形象征稳定、圆形象征圆满、角形象征尖锐。标志设计在各种品牌中扮演着极为重要的角色，它是消费者和产品之间的桥梁，具有信息传递、观念推广、文化交流等功能。

"呈礼吞吞"是一个新的品牌，因此，需要给其自身的文化设计一款标志，为品牌树立核心的视觉形象。在设计研究中，作者对标志设计进行了一系列的探索。

第一个设计方案将"呈""礼""吞""吞"这四个字提取概括成简约的蒙纳石印，整体以字为主，色彩采用红色。但整体的设计方案太过古朴，印体字的设计显得过于生硬，缺乏细节，不够时尚年轻，与品牌的风格不相符（图3-14）。

图3-14　呈礼吞吞第一版标志设计

作者接着优化字体的形象，第二个方案采用圆润的线条，标志的造型简练概括，显得时尚年轻。将"呈"字运用篆体元素概括，字体采取图案化抽象处理，采用横排和竖排两种形式，使视觉效果更丰富。在色彩选择上，依旧采取红色为主的颜色（图3-15）。

图3-15　呈礼吞吞第二版标志设计

分析总结以上的标志设计后，再经过反复的调整、探索，结合品牌的定位，并将对村落建筑的感受，应用在"呈"字上，对字体笔画的处理使之看起来像村落建筑的檐角，以便更好地结合品牌的内容，再通过对字体的调整形成最终的版本（图3-16）。

图3-16　呈礼吞吞终版标志设计

标准色作为品牌的核心要素之一，与标志、标准字一同组成了企业的视觉形象，标准色应具有明确的色彩倾向（图3-17）。

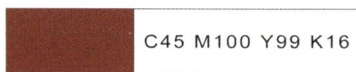

C45 M100 Y99 K16

图3-17 呈礼吞吞标志标准色

三、"呈礼吞吞"品牌在文创产品设计中的应用

（一）表情包的设计与应用

表情包是一种以图片表达情感的方式，本质上也属于一种流行文化，随着互联网的兴起，社交软件的不断发展，人们的沟通方式也随之改变。将表情包与文化相结合，能够使文化中的一些传统形象重新活跃在大众的眼前。作者设计了8个日常表情包（图3-18），以情感感受进行设计，这些表情包不仅可以在线上作为沟通的工具来使用，还可以成为线下的文创产品，根据表情包制成同系列文具办公用品等（图3-19）。

图3-18 呈礼吞吞表情包

图3-19 吞吞表情包胶带

（二）品牌IP推广

呈礼吞吞品牌IP形象设计完成之后，就是品牌推广的工作。吞吞的角色定位是一只热爱呈坎民俗的神兽，是呈坎村落的守护兽，是能给人们带来好运的象征，因此吞吞可以和呈坎传统民俗相结合，进行品牌IP推广（图3-20）。

图3-20　吞吞与呈坎民俗和技艺

以传统民俗为核心串联周边产品，形成氛围、情感、稀有度的多维赋能，为扁平的形象赋予立体的故事，使消费者在购买、使用产品时产生共情心理，以此通过情感赋能创造周边产品的附加值，通过消费者感官与产品间的交互产生多维的主观感受。与品牌IP角色置身于同一场景，经历IP故事线、感受文化内涵，以售卖限定衍生品发挥稀有度赋能价值。借助呈坎重大节日民俗、重要事件等，进行品牌IP的推广，让品牌形象深入人心，也让衍生产品变得有价值、有意义（图3-21、图3-22）。

图3-21　吞吞与呈坎传统民俗技艺毛豆腐、嬉草龙

图3-22　吞吞与呈坎传统民俗技艺晒秋、鱼灯

　　随着新零售时代的到来，许多品牌选择"线上+线下"全渠道的销售模式，轻量化的产品在线下门店中更易受到消费者的关注，更加具备形成衍生品爆款的条件。因此，"礼遇吞吞"衍生品设计以抱枕、日历、鼠标垫、钥匙链以及新年红包等日用产品为主，方便体验展后消费，在IP形象设计的基础上，将部分视觉元素应用于产品中，确定相关衍生品（图3-23～图3-25）。

图3-23 "年年有余"鱼灯民俗红包

图3-24 毛豆腐鼠标垫及晒秋抱枕

图3-25 嬉草龙民俗台历

　　总之，本次设计通过塑造"呈礼吞吞"的品牌，研究和提炼了过坎兽的元素，并将元素运用到文创产品上，试图系统地整合、归纳过坎兽的视觉语言，打造过坎兽的形象IP，丰富呈坎的旅游文创市场，并总结出呈坎本土的文创产品设计的一些方法。

第二节　呈坎文创产品设计与实践

一、设计文化学视角下文创产品设计的地域文化研究

（一）设计文化学

设计文化学从文化的角度研究设计的本质和规律，是以设计文化作为研究对象的

综合性科学，是一门关于设计文化的理论。设计文化学主要研究文化对设计的约束，研究设计背后的意识形态，思考设计作品的文化价值。

从文化角度来反思设计是构建设计文化学的基石。

设计是基于整个文化和各种内外因素相互作用的结果。设计的定义不断被改写和更新，是设计师和思想家结合生活需要，从不同角度、不同立场进行的深刻思考。每一次理解和定义的更新都是人类对设计理解的提高，都会影响设计功能的提升、文化价值取向的调整和设计思维方式的更新。

对意识形态的研究是设计的主要考虑因素，文化价值的研究是设计的研究。设计是以整个文化为背景，各种内外因素相互作用的结果。社会的进步使得设计的定义不断被改写和更新。每一次理解和定义的更新都会影响设计功能的提升、文化价值取向的调整和设计思维方式的更新。关注设计文化的整体规律性，其研究过程是从外在到内在的思维逻辑关系，这是设计文化研究的核心内容。

（二）呈坎地域文化

在运用呈坎文化元素进行文创产品设计之前，我们还需要清楚文化的概念。"观乎人文以化成天下"，这句话出自《周易》，意思是在不同的时代凝聚价值观，融化人心，化育行为。"观乎人文以化成天下"强调的是文而化之，"文化"一词由此而来。呈坎文化包含建筑、饮食、民俗、农耕、景观还有非遗文化（图3-26）。

文化有很多类别，按照不同分类标准有不同的结果，以下将按器物文化、行为文化和观念文化三个方面进行分类（图3-27）。

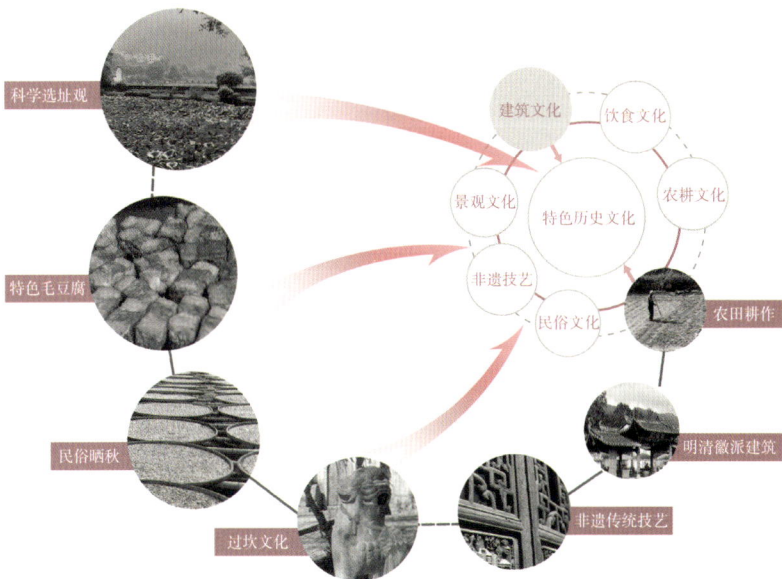

图3-26　呈坎文化

所谓器物文化，是指物质层面的文化，是人们在生活资料的生产过程中所创造的文化内容，包括衣食住行等方面，如呈坎罗氏毛豆腐。

所谓行为文化，是指制度层面的文化，它反映在人与人之间的各种社会关系，以及人的生活方式上，如呈坎的嬉草龙、晒秋等各种习俗。

图3-27 呈坎文化三方面

观念文化则是指精神层面的文化，以价值观或者文化价值体系为中心，包括理论观念、文化理想、文学艺术、伦理道德等。位于呈坎的罗东舒祠，祠堂本身作为建筑属于文物，但是其承载了诸多历史、人文和民俗等信息，所以它又包含观念文化。祠堂享堂的墙壁上挂有"族规""家法"等内容的牌匾，其中包含以"忠信孝悌"为核心的中国传统伦理道德。

对文化的分类可以清晰了解文化遗传信息，也是联系传承、提取路径的纽带。

（三）设计文化学视角下文创产品设计的整合

对文创产品进行设计的时候需从产品的观念、功能、形态、风格等方面进行重新整合，同时要将地域文化中独特的自然风貌、人物历史、民俗民风等提取的典型文化符号与文创产品设计进行适当的融合，使得消费者看到地域文创产品时就能体会到该地域的文化风貌，感受到浓厚的地域文化内涵，进而唤起消费者内心的感受、体验、记忆与联想，满足消费者在物质层面和精神层面的多种需求。

面向地域文化的系列化产品创意设计方法，主要从横向及纵向两条途径进行产品创新设计：

（1）横向的系列化产品设计思路，提取单一的特色造型符号，围绕该符号，进行不同类别的创意产品设计，这些产品具有共同的文化特色及造型语义，构成系列化产品。比如，以传统的徽派建筑典型标志马头墙为原型提炼元素，运用到不同的载体上，如文具用品、生活用品、电子产品、文娱产品、纪念品等，可以设计出马头墙造型的办公文具，也可以是马头墙造型的家具、灯具，又或者是马头墙造型的茶具、优盘等。

（2）纵向的产品族设计思路，提取多个同一主题的特色造型符号，以此为出发点进行同类别的产品族创新设计，这些产品具有相同的文化诉求，形成具有鲜明地域特色的文化品牌效应。

下面两个案例主要是以呈坎文化中鲜明的建筑文化作为灵感来源，对徽派建筑中的构件（格窗、天井）进行提取、抽象、简化与应用，以茶具为载体，设计出能够生动体现建筑文化的产品族（图3-28）。

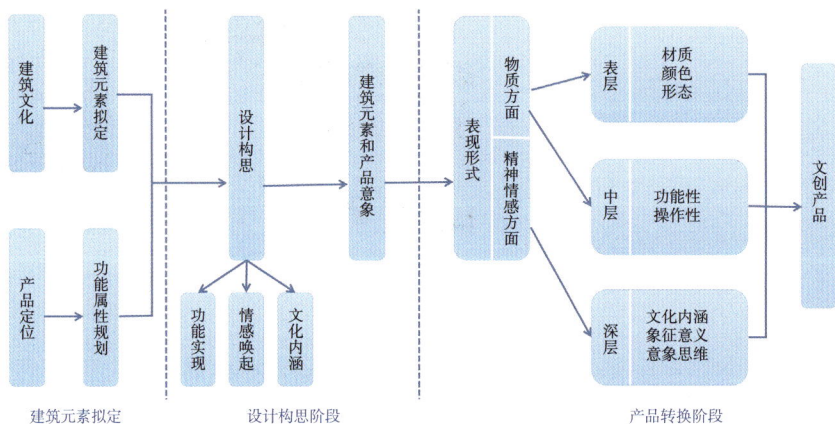

图3-28　建筑文化应用于文创产品的设计流程图

二、案例：基于呈坎建筑元素的茶具设计

（一）设计背景调研

根据对不同人群的调研，设计师团队认为，茶具的设计应当是美观且具有人文情怀的（图3-29），所以成功的文创产品设计应当是当地文化符号的缩影，文创产品的产生应当是既能表达设计者想要表达的情感与文化，又能是以最具代表地向游客传达当地的旅游文化，是最能代表当地地域特色的产品。并且要能紧随时代的潮流发展，才能符合当代人的审美需求。呈坎特色文创产品是在古村落独有的建筑基础上进行创新设计的，它更具地域特色，从而传达给旅游群众更加鲜明的村落印象。

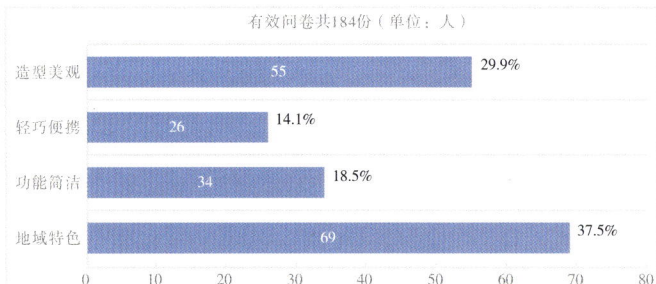

图3-29　茶具设计特色调研

（二）使用人群调研

设计团队针对不同年龄、地区、职位人群的饮茶习惯进行了简单的调查，得出35

岁及以下的人群偶尔喝茶，而35岁以上的人群则是经常喝茶的人占多数（表3-2）。

表3-2 人群饮茶习惯的数据统计表

单位：人

子问题	25岁以下	25~35岁	35~40岁	45岁以上
极少（≤1次/周）	6（10.2%）	3（6.4%）	2（4.6%）	3（8.6%）
偶尔（2~3次/周）	49（83.0%）	35（74.5%）	6（14.0%）	6（17.1%）
经常（4~6次/周）	3（5.1%）	6（12.7%）	27（62.8%）	15（42.9%）
每天（≥1次/天）	1（1.7%）	3（6.4%）	8（18.6%）	11（31.4%）
有效问卷总数	59	47	43	35

从下表则可以看出不论是哪个年龄段，都比较喜欢充满古韵的茶具（表3-3）。

表3-3 人群对茶具设计意见的数据统计表

单位：人

子问题	25岁以下	25~35岁	35~40岁	45岁以上
充满古韵	42（71.2%）	28（59.6%）	21（48.8%）	19（54.3%）
中规中矩	1（1.7%）	4（8.5%）	2（4.7%）	7（20.0%）
设计创新	11（18.6%）	11（23.4%）	15（34.9%）	4（11.4%）
无所谓	5（8.5%）	4（8.5%）	5（11.6%）	5（14.3%）
有效问卷总数	59	47	43	35

针对饮茶人群购买茶具意图的调查，可以看出大部分人购买茶具是自己用和作为礼品赠送亲友（图3-30）。

所以在设计茶具时，要结合购买者的年龄、性别等因素，也要考虑到他们在购买时主要的目的是什么，还要符合当前的流行趋势以及当地的地域特色，设计符合当下流行色彩，不易过时、大方得体可以更好体现情感和象征意义的结合，将"以人为本"的理念充分发挥出来，最大限度地诠释出产品的文化特性。

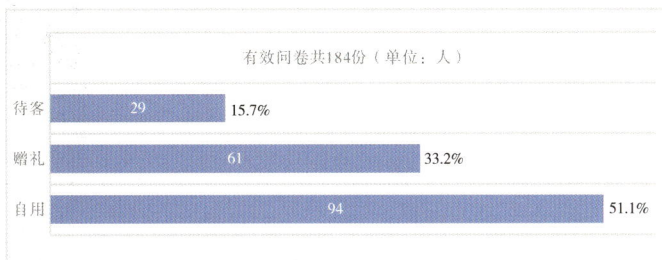

图3-30 购买茶具意图的数据统计图

文化符号的内涵丰富且多样，具有较强的抽象性，文化符号是一个地域、民族或者国家独特文化的抽象表现，是其文化内核的重要载体和表现形式。呈坎文化类别主要分为三个方面（表3-4）。

表3-4　呈坎文化类别

呈坎文化	外在（纹理）	呈坎八景、粉墙黛瓦、徽派民居、油菜花、古桥、慢生活、罗东舒祠、迷宫、社屋、桂花、石板路、砖雕、木雕、石雕、黑白、楹联
	中间（行为/活动）	旅游观光、神秘、祈福、古村风景、吃毛豆腐、采茶叶、哭嫁、农耕、嬉草龙、非遗技艺、撕纸、晒秋
	内在（社会/文化/反思）	世外桃源、与世隔绝、谦卑、礼让、宗族观念、未经装饰、贴近自然、山高地少、过坎文化、互助、宁静、崇古

　　徽派建筑以其独特的建筑造型及文化内涵在艺术史上有其独特的地位，其中最具识别性的文化符号便是格窗、天井等典型元素，具有典型的象征含义（图3-31）。

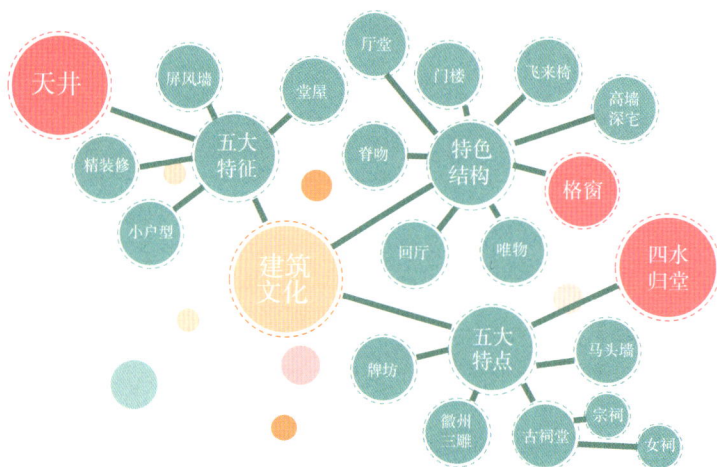

图3-31　建筑文化类别

（三）方案一："低头见花"茶具

　　徽州民居沿天井一周回廊采用木格窗间隔空间，有采光、通风、防尘、保温、分割室内外空间等作用。格窗由外框料、条环板、裙板、格芯条组成，主要形式有方形（方格、方胜、斜方块、席纹等），圆形（圆镜、月牙、古钱、扇面等），字形（十字、亚字、田字、工字等），什锦（花草、动物、器物、图腾等）。格窗图案多采用暗喻和谐音的方式表现吉祥的寓意，如"平安如意"用花瓶与如意图案组成谐音表示；"福寿双全"用寿桃与佛手图案表示；"四季平安"是花瓶上插月季花；"五谷丰登"用谷穗、蜜蜂、灯笼组合；"福禄寿"用蝙蝠、鹿、桃表示等。格窗还采用蒙纱绸绢、糊彩纸、编竹帘等方法，增加室内透光。从外形来看，格窗具有"明"与"透"两种特性，这些特征都与中国古代含蓄典雅的审美情趣相契合（图3-32）。

图3-32　徽州木格窗

如果仅以茶杯作为具体的设计目标，相同的茶杯形态无法很好地向用户展示格窗的特性，因此采用茶具组合的形式作为最终的产品实现形式。通过简洁明了的线条造型语义与单一柔和的花青色配合来表现宁静的空间感。由于要兼顾产品作为茶具的适用性，还要融合格窗元素，使杯底沾水时留下的花格窗图案可以恰当表现格窗元素，考虑到产品的使用场景是居家环境，所以成品采用磨砂感的表面肌理与金属把手组合，适宜家庭环境下使用（表3-5）。

表3-5 "低头见花"茶具转化构思

设计的维度	设计思考	设计表达
整体风格	宁静、闲适	简洁的线条感、整体造型简约
造型	格窗的符号元素	通过茶杯表现不同格窗图案变化、金属感的线条形态
外观颜色	主体以花青色为主、偏蓝色系	单色与金属表面肌理呈现柔淡感
材质	金属材料与粗陶	通过金属的色泽营造幽静质感

用设计草图的形式确定茶具组合的设计方案后（图3-33），对格窗与产品的对应关系进行了梳理，"低头见花"茶杯造型主要从格窗形态的变化中抽象而来（图3-34），每个茶杯表现一种格窗的样式；产品整体的颜色选择花青色，表面覆以磨砂的肌理，金属线条造型呈现格窗的物象形态。通过简约、纯粹的造型产生娴静的环境氛围。

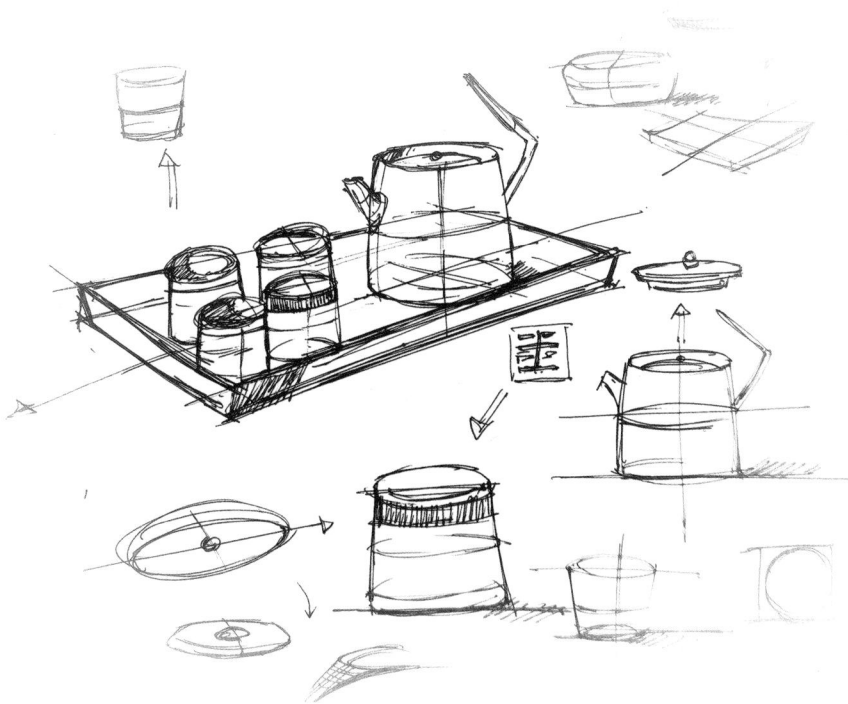

图3-33 设计草图

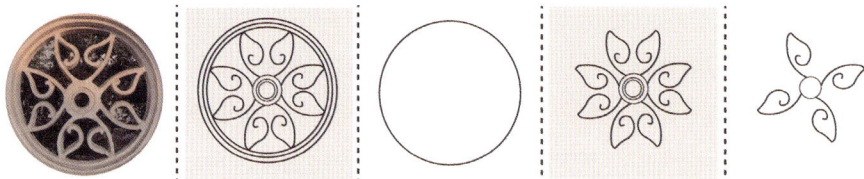

图3-34　格窗元素提取过程

低头见花是生活方式的表达，将花纹匿于背地，在推杯换盏反复之间窥见花形跳出圈外，识得本真面目。轻酌香茗，以豁然之心烹煮，在萦绕的蒸气间细细体会怡然自得的惬意，恰似那一代代先哲在浅尝"功夫"中，烹煮的那份情怀（图3-35）。

图3-35　"低头见花"茶具效果图

（四）方案二："四水归堂"茶具

这套茶具的设计从天井的形式角度出发，无论从二维平面还是三维空间来看，天井基本都处于传统民居的中心位置，也是徽州传统民居的精髓所在。与院落不同，天井的尺度较小并且构造以建筑实体围合而成，所以天井是介于室内外的半灰色空间。这种空间属性也给予天井一种朦胧含蓄的性格。

1. 天井的功能（图3-36）

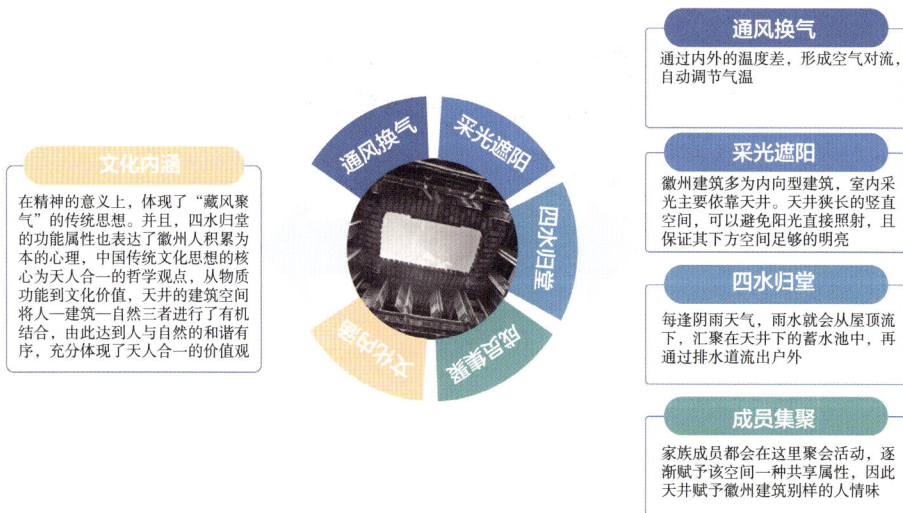

文化内涵

在精神的意义上，体现了"藏风聚气"的传统思想。并且，四水归堂的功能属性也表达了徽州人积累为本的心理，中国传统文化思想的核心为天人合一的哲学观点，从物质功能到文化价值，天井的建筑空间将人—建筑—自然三者进行了有机结合，由此达到人与自然的和谐有序，充分体现了天人合一的价值观

通风换气

通过内外的温度差，形成空气对流，自动调节气温

采光遮阳

徽州建筑多为内向型建筑，室内采光主要依靠天井。天井狭长的竖直空间，可以避免阳光直接照射，且保证其下方空间足够的明亮

四水归堂

每逢阴雨天气，雨水就会从屋顶流下，汇聚在天井下的蓄水池中，再通过排水道流出户外

成员集聚

家族成员都会在这里聚会活动，逐渐赋予该空间一种共享属性，因此天井赋予徽州建筑别样的人情味

图3-36　天井功能作用及文化内涵

（1）通风换气：由于徽州建筑外壁基本没有窗户，天井就成为连接内外空间主要的通风口。通过内外的温度差，形成空气对流，自动调节气温。

（2）采光遮阳：徽州建筑多为内向型建筑，室内采光主要依靠天井。天井狭长的竖直空间，可以避免阳光直接照射，且保证其下方空间足够明亮。

（3）四水归堂：天井四周的屋顶均为坡屋面，所以整体是个内凹空间。每逢阴雨天气，雨水就会从屋顶流下，汇聚在天井下的蓄水池中，再通过排水道流出户外。

（4）成员集聚：天井之下的空间基本处于建筑的核心位置，并且连接各屋室。所以家族成员都会在这里聚会活动，逐渐赋予该空间一种共享属性，因此天井赋予徽州建筑别样的人情味。

2. 天井的文化内涵

围合的封闭建筑给予生活在内的居民一种家的安全感，而天井作为与外界通风透气的主要构造，在精神的意义上，体现了"藏风聚气"的传统思想。并且，四水归堂的功能属性也表达了徽州人积累为本的心理。中国传统文化思想的核心为天人合一的哲学观点。从物质功能到文化价值，天井的建筑空间将人—建筑—自然三者进行了有机结合，由此达到人与自然的和谐有序，充分体现了天人合一的价值观。

在设计的过程中，归纳徽州天井在形式上的构成和规律，思考原始形式应用于茶具造型的可能性。通过对徽州天井原始形式的提炼，我们可以看出，在二维的视觉层级上，天井近似一个封闭的矩形，但是其四条边在三维视觉上并不在同一平面，这一特点可以作为设计的一个出发点（图3-37）。

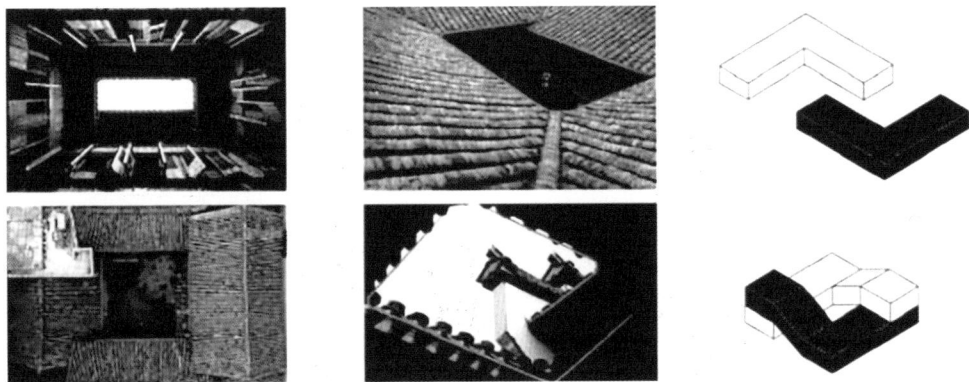

图3-37　天井意象的形式拆解

在设计方法上，我们可以运用图解法来展现设计要素。相对于文字的表现形式，图解可以更好地描述规律和构成（表3-6）。通过基本的几何体堆叠来示意，形成一个主题鲜明的造型雕塑，尝试将其作为设计主题继续发展下去。

表3-6　天井形式归纳

开口形状	剖面图	立面图	开口形状	剖面图	立面图

　　天井是介于室内外的半灰色空间，这种空间属性也给予天井一种朦胧含蓄的性格。在传统的茶具设计中，茶杯和茶漏是相对独立并且分开设计的，并没有直接的关系，但徽州天井能沟通建筑内外的属性，将内外有机地融合在一起，启发茶具设计师突破以往的界限，把内外当作一个整体来思考，形成一种新的设计思路。并在草图表达中重新考虑设计中的部件与整体、实体与空间的关系（图3-38）。

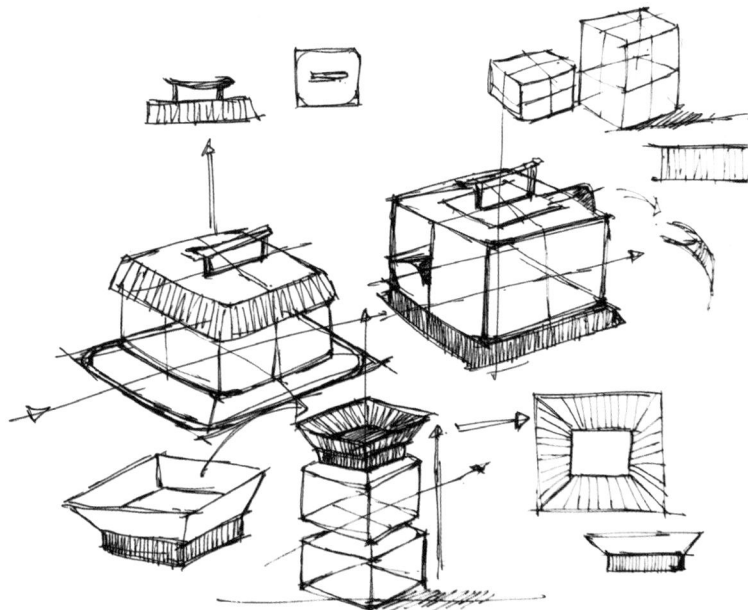

图3-38　茶具草图表达

徽州建筑中的天井或许最能代表中国文化中的道家精神：无中生有，无即是有，无胜于有。小小的天井寄托了中国古人关于家园的梦境，以及对于天人合一的向往（图3-39）。

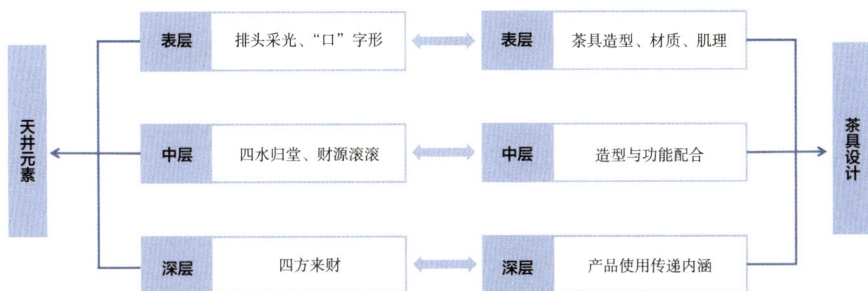

天井元素		
表层	排头采光、"口"字形	⟷
中层	四水归堂、财源滚滚	⟷
深层	四方来财	⟷

		茶具设计
表层	茶具造型、材质、肌理	
中层	造型与功能配合	
深层	产品使用传递内涵	

图3-39 天井与产品对应关系

茶具设计的独特之处是将茶具的茶漏设计为天井的样式，使用时置于玻璃茶杯之上。倒茶时茶水随着茶漏内壁缓缓倾泻而下，汇聚于杯内，与雨天时天井排水形成呼应，本套茶具整体配色灵感来源于徽州建筑屋顶的黛瓦，使用黑色与金色，使用户不禁联想起雨时徽州的宁静和恬淡，为内心带来一份平静（图3-40～图3-43）。

图3-40 "四水归堂"茶具效果图（一）

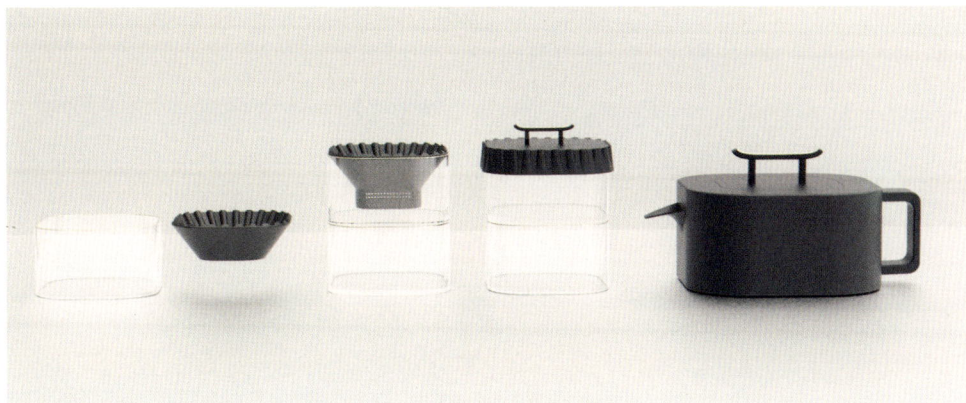

图3-41 "四水归堂"茶具效果图（二）

图3-42 "四水归堂"茶具效果图（三）

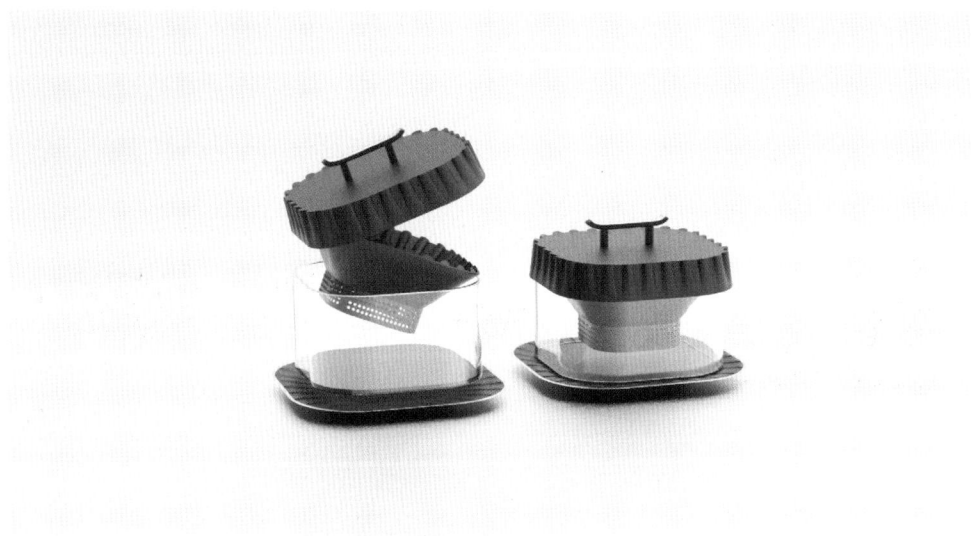

图3-43 "四水归堂"茶具效果图（四）

下篇 | 案例实践

山水徽映纪念品设计

作者：马洪斌　　　　　　指导老师：舒伟

　　将传统元素融合于现代文房用具，选用"山水"元素为切入点，山川重峦叠嶂，水平如镜，山一层层起伏于水，天雾蒙蒙透过山，远方似云端雾霭，又似徽州。注重"写意"，达到虚实结合，将笔架、镇纸通过"留白"与"意境"进行处理，从而使得产品"语言"更为和谐。

"瓦·墨"

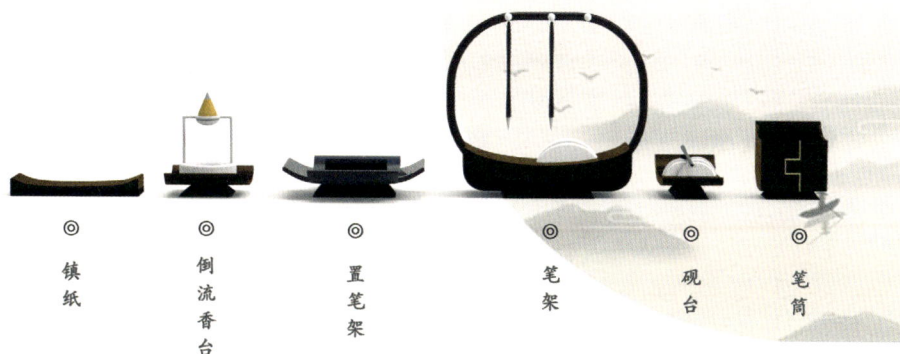

◎ 镇纸 ◎ 倒流香台 ◎ 置笔架 ◎ 笔架 ◎ 砚台 ◎ 笔筒

"瓦·墨"文房四宝

作者：赵雨凝　　　　指导老师：舒伟

　　以中国传统最为典型的文房四宝为设计方向，用马头墙上的瓦片形象为设计造型，在文房四宝造型上进行设计。

梦回江南

木质办公用品设计

◎ 文件盒　　◎ 收纳盒　　◎ 笔筒　　◎ U盘　　◎ 名片夹　　◎ 香插　　◎ 镇纸

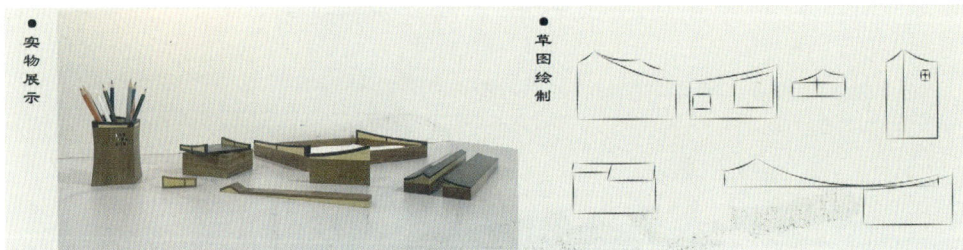

● 实物展示　　● 草图绘制

梦回江南——办公用品设计

作者：李胜林　　　　　　指导老师：舒伟

　　选取江南古建筑的深灰色屋顶、白色墙体、多孔式开洞窗和起伏错落的屋顶线条作为设计的形态来源，对造型进行提炼深化。结合木材的材质、颜色的深浅带来外观上的视觉感受，营造出江南古镇传统与现代结合的氛围。

"徽·忆"
——基于徽州博物馆的文化创意产品设计

功能介绍

名片夹—结合拱桥结构进行设计，本产品融入了徽州拱桥的护拱石与单拱桥梁的形态进行设计延伸。以简化提炼的手法将其融入名片夹的设计中。名片夹侧面看起来看形态是一半的拱形桥梁，当名片放入之后名片会顺着那部曲线下滑到名片夹的凹槽里，这个部位进行了特殊处理，方便侧面拿取名片。与此同时，将两个名片夹背靠背放在一处，将会呈现出完整的拱形桥梁的形态。使用时颇具趣味性。

× 2 =

电脑增高架—结合徽州城市气息所进行设计，徽州传达给人的气息中最具代表性的是小桥流水，炊烟袅袅的恬静之感。该产品结合徽州的独特气质进行设计，增高架上方的小置物来提炼了马头墙的翘脚进行设计，可以置一实不重的摆件。而中间的浅黄色亚克力板的灵感来自于是徽州文化博物馆中展馆内的介绍工具。在半透的平面上写字进行介绍，既不会占到后方的物品也不会有碍阅读。所以该设计是为了方便观众使用时记录一些需要提醒的事情，如未完成的任务等。

笔筒—结合马头墙进行提炼设计，本产品融合了徽州最具特色的建筑风格——马头墙进行设计，其中提炼马头墙中间最高山墙的造型中间微微凹陷，两头翘起。同时配色上也考虑了徽州粉墙黛瓦的建筑配色，整体看来颇具徽州建筑风格特点。不仅如此，为了防止整个笔筒过于单调，将徽州建筑里的黑窗融入笔筒之中，同时呼应上方马头墙的翘脚也进行了翘脚设计，不仅使之更加统一整体，也让笨重的笔筒具有一丝趣味性。

手机支架—结合黄山形态进行设计，每年慕名而来的游客众多，所以在设计中也不能失去黄山的元素，而该款手机支架刚好融入山的造型进行勾勒，在使用的同时也能想起本产品是来自于安徽黄山。竹子中融入紫檀木的搭配也不会让人感到无趣与乏味。

桌面收纳桶—结合徽州山水寓意进行设计，将徽州山水轻柔飘渺的质感进行具象化表达、变换或一圈轻柔的变换的波澜围绕着方正的收纳桶，使其不会过于板正。

书立—结合了徽州三绝之一的徽州牌坊造型所设计，将牌坊立式但又稳固的造型融入书立的设计中，书立正面结合牌楼石柱的形态进行设计，檐顶结合徽州马头墙翘脚形态。产品侧面将徽州牌楼的石础拉长延伸，使书立结构更加稳固，像是徽州牌楼一样单薄却又稳固坚挺。不仅如此，能安时建立徽州牌楼者多为有功名在身，恰好与使用书立的目的相同——他目标出人头地的期盼。拥有更好的寓意，也能让大众更容易接受该产品。

"徽·忆"——基于徽州博物馆的文化创意产品设计

作者：智宇婧　　　　指导老师：舒伟

　　针对参观徽州博物馆的中年办公人群而设计的一整套办公室文化创意产品，结合徽州博物馆中最具特色的徽州元素来进行元素提炼、设计。将徽州博物馆文化体现在文化创意产品上，同时将消费者的消费习惯、使用习惯融入徽州博物馆的文化内涵，考虑文创产品的结构与色彩、材质等。在能够满足消费群体对于产品实用性要求的同时，将徽州最具特色、最具代表性的元素融入本次文化创意产品的设计中。

毛豆腐
——文具收纳器

书签

书夹

回形针

毛豆腐——文具收纳器

作者：贾晓晓　　　　　　　　指导老师：陈斗南

　　现代生活中，人们对文化的传承很是关注，这件文具收纳器围绕徽州特色美食——毛豆腐进行创作，产品外形直接以传统徽州毛豆腐为原型，干脆利落地展现徽州特色元素，材料选用磁铁材质，增加使用者与产品之间的互动性与趣味性，更加生动地体现徽州文化的深厚底蕴。简洁美观的造型符合现代人的审美。产品加工工艺简单，便于生产。

秋实——徽州呈坎晒秋图钉

作者：贾晓晓　　　　　　指导老师：陈斗南

　　金秋时节，呈坎村民们将收获归仓的玉米、黄豆、稻谷、荞麦、南瓜和红辣椒等五彩缤纷的果实，晾晒在村中晒场或房前屋后的晒架上，形成了千年呈坎古村特有的徽派民俗景观，宛如一幅令人赏心悦目的丰收晒秋图。本设计从民俗晒秋入手，以图钉为载体，意在表现徽文化在生活中的巧妙应用，以及与使用者之间的互动。简洁美观的造型以及拿取的便利，都在散发徽州文化的芳香。

徽州字豆糖——磁贴图钉

作者：贾晓晓　　　　　　　　指导老师：舒伟

　　徽州字豆糖，是一种被称为"说文解字"的古徽州传统食品。每块糖中，都蕴藏着一个吉祥如意的汉字，糖中有字，字里含意，意间带甜，嵌字豆糖代替了语言，这就是传说中的"咬文嚼字"。

　　设计从字豆糖的制作过程入手，选取其中手起刀落斩断糖条这一动作，以磁贴为载体，每一块小方糖都互相吸在一起，使用时将之分开，还原制作时的一段过程，以达到"切"这一效果，注重使用过程中的互动性与趣味性。

徽州糕饼模具
——
便利贴

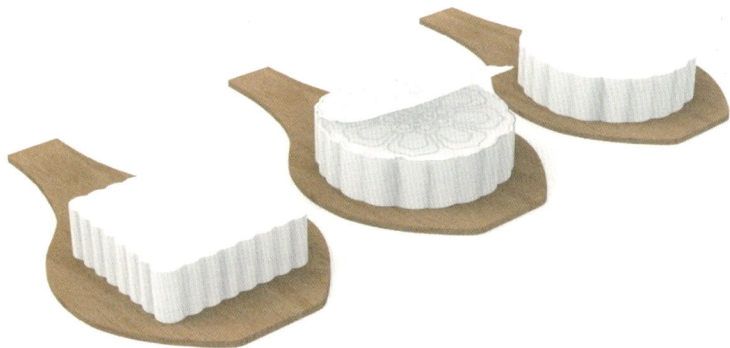

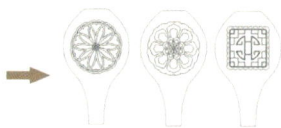

以便利贴为载体，掀起每一张便利贴都好比每一块热腾腾的糕饼新鲜出炉。

徽州糕饼模具——便利贴

作者：贾晓晓　　　　　　指导老师：舒伟

　　各式各样的徽州糕饼，曾经是徽州人一生一世的印记，从呱呱坠地到拜师求学，从长大成人到离家谋生，都和糕饼有一些渊源。制作糕饼最离不开的就是各种各样的模具。本设计从糕点出发，提取模具外形轮廓，用一层层白色便利贴"伪装"成一块块被压出来的糕饼，这样就有一种掀起一张便利贴就好比一块糕饼新鲜出炉的效果。

风车

——削笔器

掉出来的笔屑就好比
风车中掉落的粮食。

风车——削笔器

作者：贾晓晓　　　　　指导老师：舒伟

　　谷风车在徽州是常见的一种古老的农具，把有杂质的谷子、粮食放入粮斗内，手摇风车，慢慢开启挡板，调整适合大小，就可以分离出谷子、空壳和灰尘等，非常方便。将谷风车设计成削笔器，意在回味徽州旧时的美好记忆。从中掉落出来的笔屑就好比风车里掉落的粮食一样，增加了使用过程中的趣味性。

徽州名茶
——
橡皮擦

徽州名茶——橡皮擦

作者：贾晓晓　　　　　　　　　指导老师：舒伟

　　徽州茶文化历史悠久，自古安徽好茶迭出，像黄山毛峰、太平猴魁、六安瓜片、祁门红茶、霍山黄芽、敬亭绿雪等，从徽州名茶出发，可以起到宣传徽文化的作用，在擦除笔记时产生的笔屑就好比从茶叶盒里倒出来茶叶一般富有趣味。

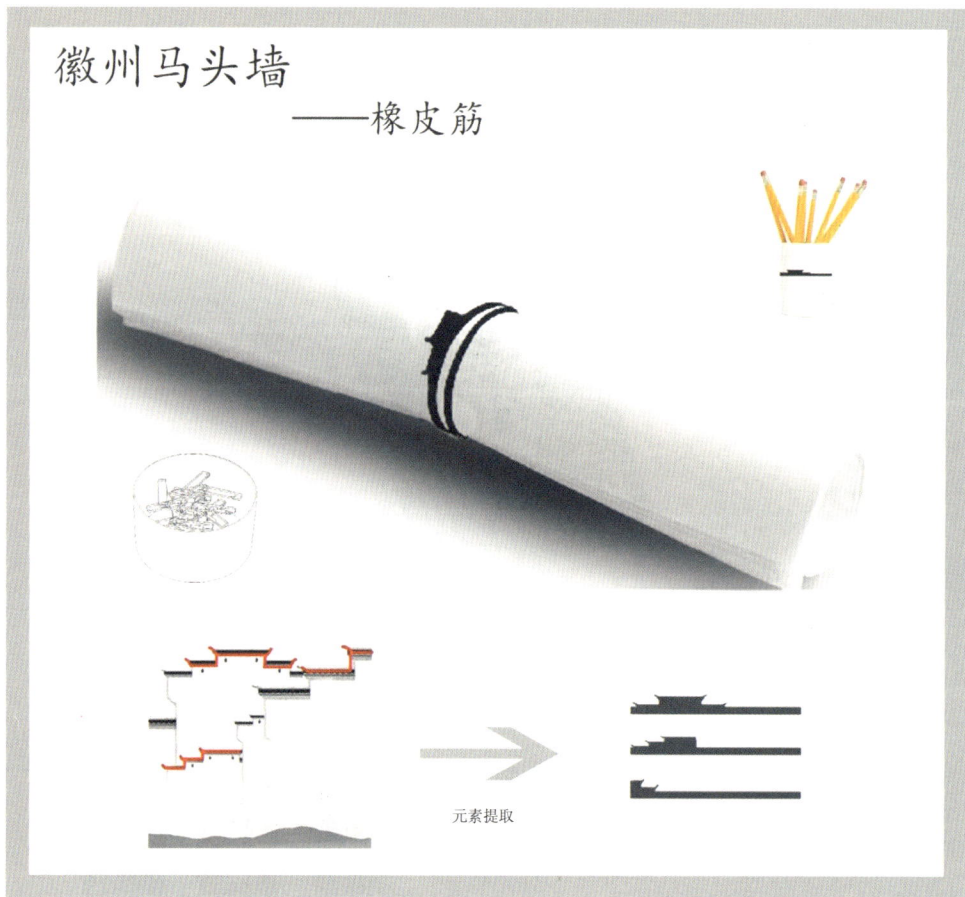

徽州马头墙
——橡皮筋

元素提取

徽州马头墙——橡皮筋

作者：贾晓晓　　　　　　指导老师：舒伟

　　马头墙是徽派建筑的标志性元素之一，因其独特的造型扩展了空间感，从而显示出建筑的生机勃勃。将马头墙的形态附在橡皮筋上，任意一个白色载体，都可以营造一种将徽州带回家的既视感，小小的橡皮筋经过一番设计，寓意家中平安、稳如泰山，又祝福子孙们读书有成、官运亨通。

徽州农具
——书签

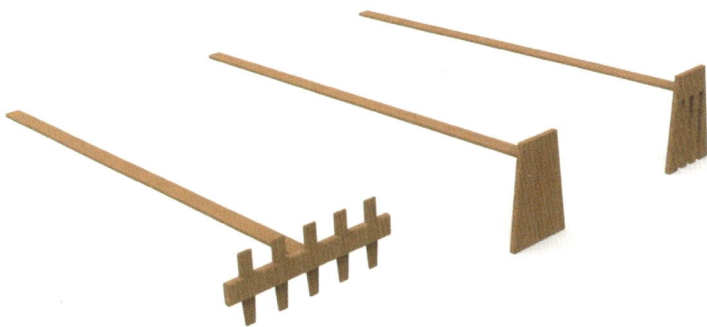

以书签为载体，
仿如在书的土地上耕耘

徽州农具——书签

作者：贾晓晓　　　　　　　　　指导老师：舒伟

　　徽州人世代农耕，拥有很多老农具，这些渐渐远去的老物件，像过去的时光一样，注定将成为人们的记忆。通过设计让老农具华丽变身，继续留存在大众眼中，以书签为设计主体，打破常规的书签形态，可以更好地吸引顾客购买，在使用过程中，使用者也会有一种在书的大地上耕耘的感觉。

徽建书立

作者：汪琼颖   指导老师：舒伟

　　根据呈坎村落建筑的外观，由榫卯积木的形式搭建而成。在作为书立使用时，精致的外观使其置于桌面时兼具摆件的装饰效果。书立主体为L形，具备一定重量，稳定性强，可完成书立的功能。屋檐装饰为古建筑模型复刻，横梁、斗拱、立柱、牌匾等结构清晰，置于桌面为一微缩景观，可以加深游客印象，起到文创产品宣传当地景点的作用。

徽元素办公用品设计

作者：王宁　　　　　　　　　　指导老师：舒伟

　　设计从徽州建筑、抬阁、徽墨等特色符号入手，以环保竹木为材料设计了系列化的办公用品，可直观感受到徽州文化的源远流长，让徽文化得以更好地传承和弘扬。

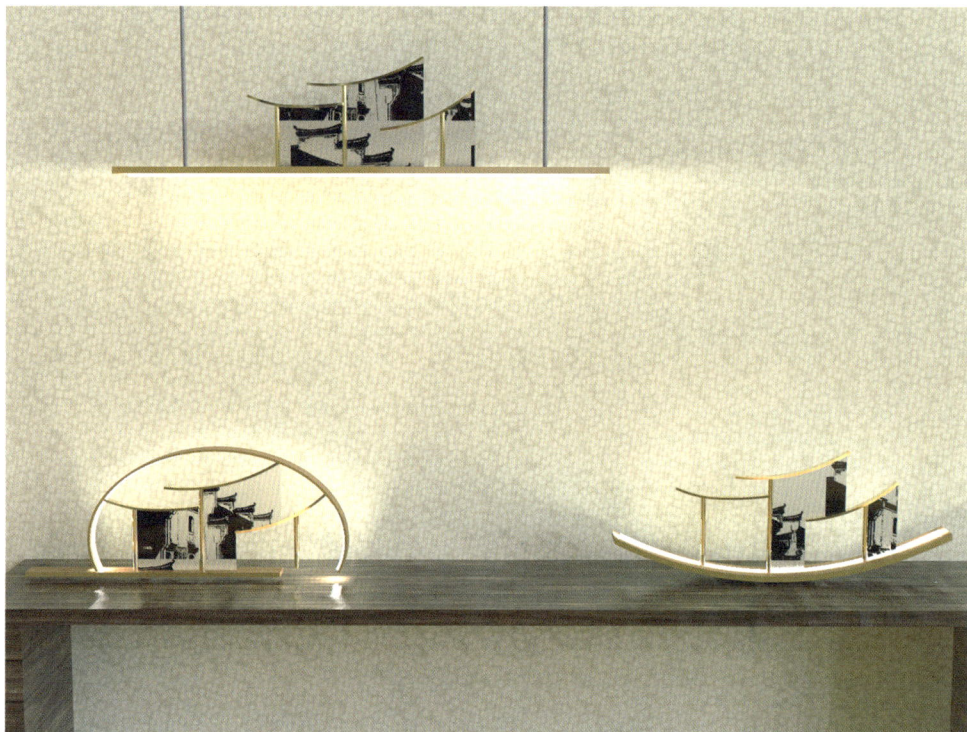

画船听雨——灯具设计

作者：张文静 　　　　　　指导老师：舒伟

　　以呈坎为灵感来源，台灯底部选择圆润的弧形，用于表达水和舟的形态，而吊灯底部平直，用于表示湖岸。马头墙造型则是呈坎民居的常见形式，表现了呈坎建筑与环境的和谐之美。

竹帘
纹理（花纹）
纽扣纹理
竹帘
金属
金属挂钩
皮革

● 红色
● 黑色

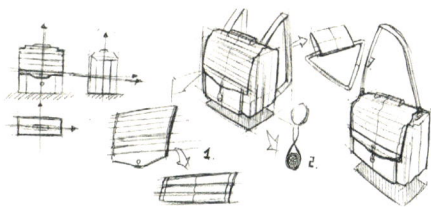

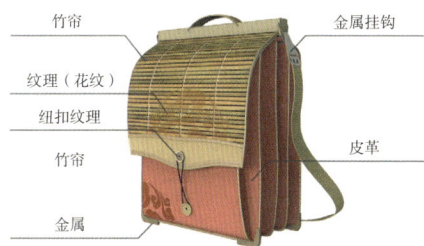

卷珠帘——竹包设计

作者：徐宽鑫　　　　　　指导老师：舒伟

　　本设计以"卷珠帘"为灵感来源，珠帘谐音竹帘，既指明材质又暗含开合方式。设计者将竹材与皮革工艺完美地结合在一起，使背包不仅具有时尚风格，而且还彰显工艺精神。此外，竹材的柔韧和张力可以保护背包里的物品。

"呈礼吞吞"系列行李箱

作者：汪琼颖　　　　　　　　指导老师：舒伟

　　呈礼吞吞民俗系列行李箱，外观设计简单大气，采用直线和曲线勾勒行李箱线条的美感，有不同的艺术气息；外壳选用纯镁合金材质，强度高，撞击后不易发生变形，坚固耐用，外壳容易打理，易于保持干净整洁。

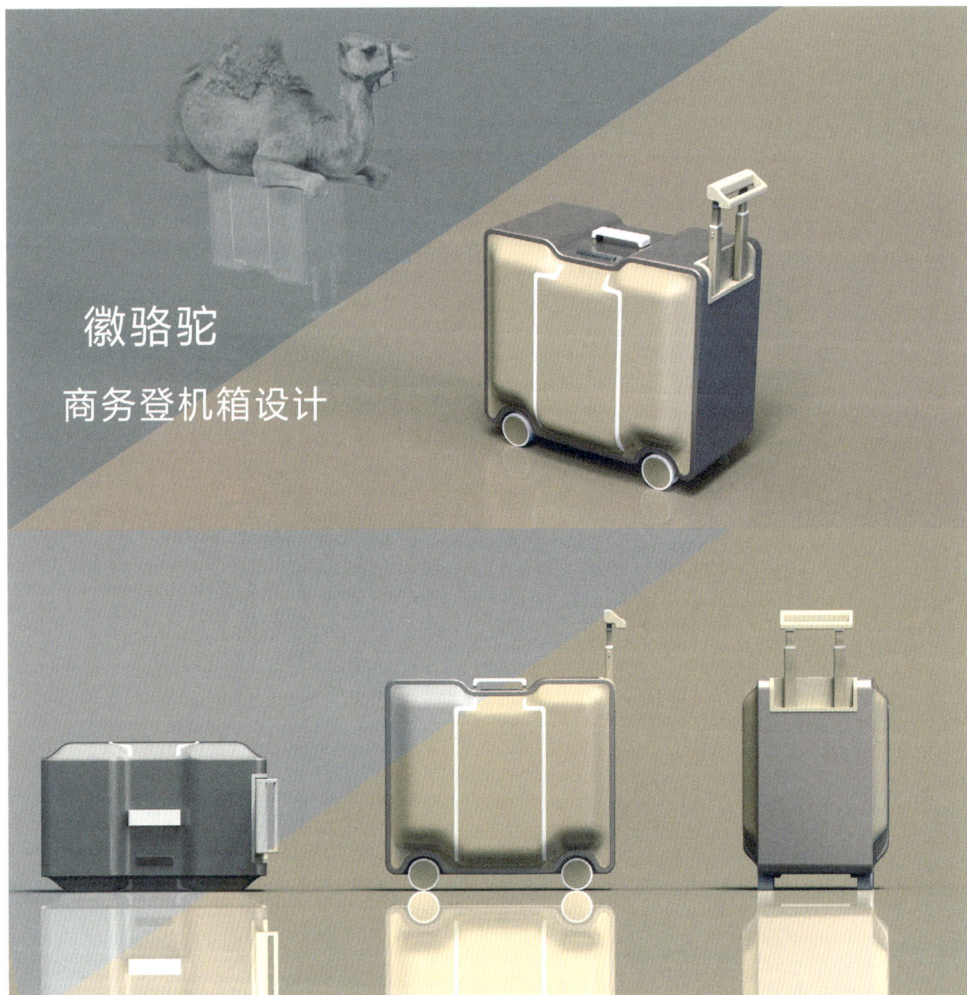

徽骆驼

商务登机箱设计

徽骆驼——商务登机箱设计

作者：胡金辉　　　　　指导老师：舒伟

　　本设计采用仿生设计的理念，提取骆驼和徽州马头墙的形态及色彩等视觉元素，以现代主义的语言方式加以诠释，展现出当代商人的徽骆驼精神。

徽州毛豆腐粘毛器
文创用品设计

四方纳福——毛豆腐粘毛器

作者：鲁子富　　　　　指导老师：舒伟

　　以徽州特色小吃毛豆腐为设计出发点，打造以制作宠物毛毡为体验过程的系列化文创用品。以粘毛器、梳毛刷、除毛棉和戳毛针为设计对象，通过以毛豆腐、霉豆腐、臭豆腐、炸豆腐为意向元素，将"豆腐"同"都福"的寓意融入其中，使之系列化。改变铲屎官们对宠物毛发无可奈何的境况，亲自动手为宠物打造独一无二的毛毡用品，表达使用者对宠物的爱。

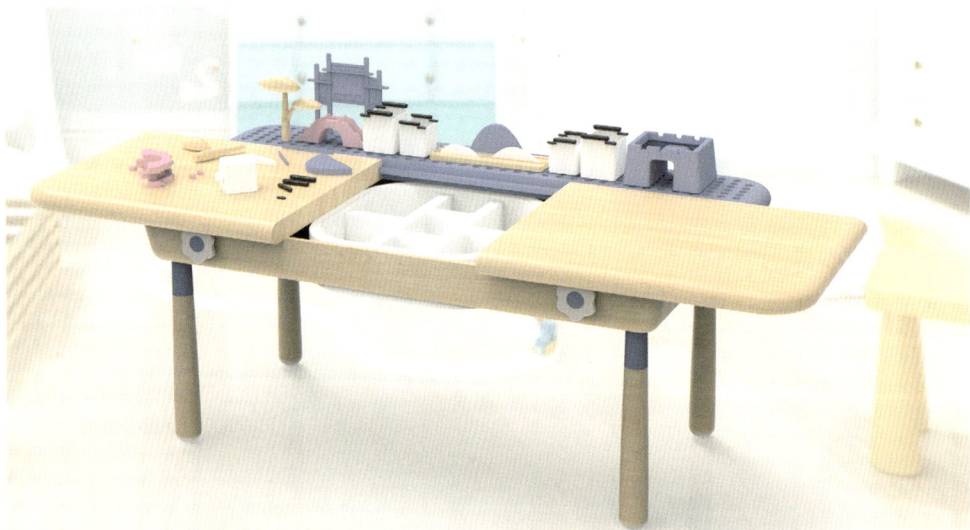

马头墙×笔筒　　古城楼×便签盒　　画桥×手机支架

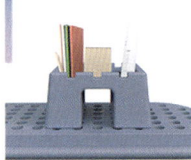

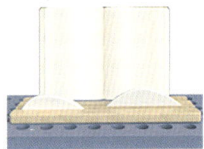

徽州山水×书立　　迎客松×曲别针收纳　　牌坊×记事牌

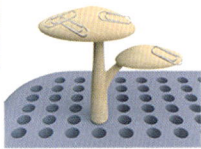

功能介绍

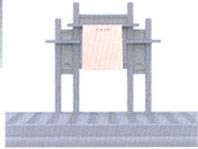

徽文化儿童益智拼图桌设计

作者：杜静雯　　　　　　指导老师：舒伟

　　徽文化儿童益智拼图工程桌设计，通过在形态上将徽文化融入产品设计，提升产品的文化底蕴和吸引力，目的是在增强儿童使用体验的同时，充分锻炼儿童的智力与动手能力，将徽文化渗透到儿童的成长阶段。让儿童从小认识徽文化、学习徽文化，为徽州文化的传承提供良好的途径。

丹楹刻桷——新中式客厅家具设计

作者：贾浩南　　　　　　　指导老师：舒伟

　　灵感来源于传统徽州建筑中的特色符号元素。采用简化法的手法，将元素重新设计，进而将简化后的元素融入家具中。设计方案中主体部分沿用马头墙元素，底部连接部位以雀替为设计，屏风部分以徽州建筑外观为设计灵感，形态优美，结构简约，给家中增添了一抹徽文化的色彩。

- 甘棠·茶柜 -　　- 扇折·茶椅 -　　- 月出·茶桌 -　　- 冰明·屏风 -

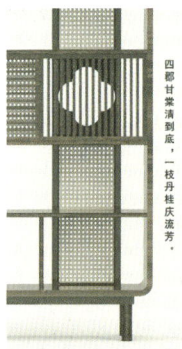

四郡甘棠清到底，一枝丹桂庆流芳。

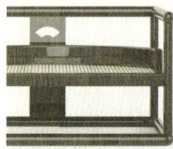

歌余尘拂扇，舞罢风撩枝。

月出惊山鸟，时鸣春涧中。

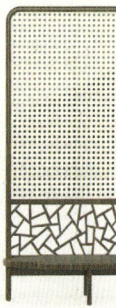

冰明玉润天然色，并作西风窨。

岁时——家具设计

作者：汪琼颖　　　　　　指导老师：舒伟

　　山水无价也不必谁人赐予，四季之景，只要心有思慕，便可尽情赏阅。将春日海棠、夏日折扇、秋日满月、冬日冰裂四个季节的代表元素作为设计实践对象，对其进行元素提取，整套家具中徽州传统格窗元素特征明显。为保证整体家具设计的美观性，还以材质碰撞的形式将藤编、黄铜与木材等材料进行融合，满足现代简约设计风格。

材质说明
Material description

棉绸

皮革

藤编

橡木

尺寸图
Size chart

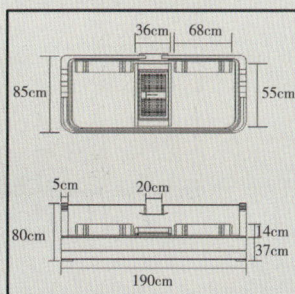

36cm | 68cm

85cm

55cm

5cm | 20cm

80cm

14cm
37cm

190cm

一梦到徽州

作者：高建航   指导老师：舒伟

以建筑元素"马头墙"作为设计灵感，从产品的形态与材质出发，以"马头墙"的造型为出发点结合皮革材质，将古典建筑元素融入新中式罗汉床当中，使造型单一的罗汉床增添一丝俏皮活泼之感，变得时尚现代化。

徽——家具设计

作者：江涛　　　　　　　　指导老师：舒伟

　　徽州拥有悠久的历史和灿烂的文化。徽派建筑是徽州独具风格的建筑类型之一，蕴含了"天人合一、顺天造物""寓意于形、有无相生"等特征，具有极高的美学价值。选取徽派建筑中马头墙、四水归堂等元素，结合现代人们低碳、时尚、环保理念的生活方式，设计出更加富有诗情画意的家具。不仅有助于让徽州元素家具走向大众，也更加符合现代人的生活品位与需求。

魑门吸

作者：江涛　　　　　　　　指导老师：舒伟

　　平安坎两边有一对呈坎独有的神兽，名字叫"魑"，将"魑"用卡通形象表现出来，不仅形态可爱，而且作为门吸，每次开关门这个动作仿佛就像在吞东西一样，寓意吞走一切不好的事。

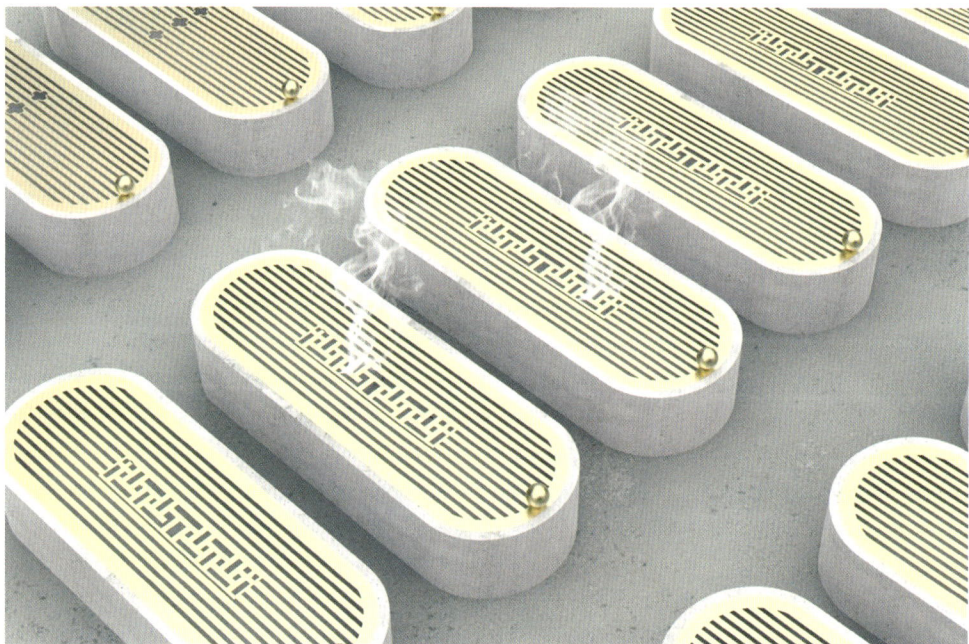

提取呈坎罗东舒祠堂典型纹样元素

捻香——香盒设计

作者：贾晓晓　　　　　指导老师：舒伟

　　本作品选取的元素取自徽州呈坎代表性建筑罗东舒祠堂，该祠堂规模宏大，营造精细，其建筑融"古、雅、美、伟"于一体，是徽州古建筑的典范之作。提取祠堂中典型三雕纹样元素，以香器为载体，材料选取混凝土加黄铜，提炼呈坎罗东舒祠的徽州三雕形态，曲线柔和流畅，自然温和地展现现代风格。

呈坎火熜
——抽纸盒（卷纸）

呈坎火熜抽纸盒

作者：贾晓晓　　　　　　指导老师：舒伟

　　徽州有句古话：手捧苞芦馃，脚下一炉火（熜），除了神仙就是我。徽州呈坎每到冬天，每家每户手中必备一种取暖神器——火熜，至今还能看见有人使用。该作品选取火熜外形，应用到抽纸盒中（卷纸），木制提手，开盖收纳，方便拿取。

呈坎过坎车门槛防护贴

作者：贾晓晓　　　　　　　　指导老师：舒伟

　　到呈坎，还有一件事必须要做，那就是"过坎"。永兴湖畔有一道门坎，两边有一对神兽，呈坎千百年一直流传着神秘的"过坎文化"。传说中的神兽是呈坎独有的守护神，名叫"TUN"，进鬼吞妖，只进不出，用来保人间和家宅平安。以汽车防护贴为设计载体，上车时跨过汽车的门槛防护贴就好比跨过了呈坎的平安坎，寻得开车平平安安的寓意。

方寸徽州

作者：汪琼颖   指导老师：舒伟

　　以徽州建筑为灵感来源，对建筑提取的符号做最简洁的黄铜剪影，以马头墙作为外形轮廓，采用按压式设计，并且在内安装LED灯，柔和的灯光透过顶部的方寸格窗透出，意境优美，产品与村落建筑文化相结合，放在床头或是书桌前都是不错的选择。

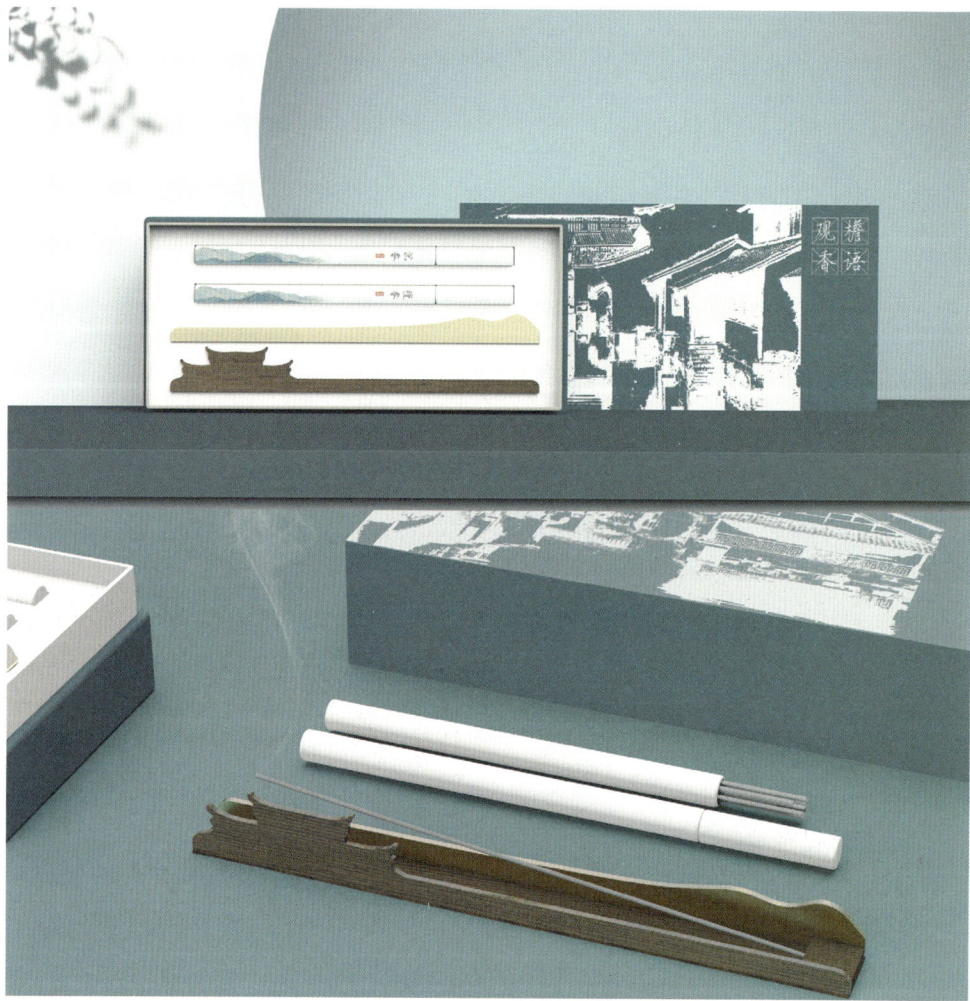

檐语观香

作者：汪琼颖　　　　　　　　指导老师：舒伟

　　好香不负美好时光，马头墙是徽派建筑中的重要元素，如果说建筑是主体，那马头墙则是主点，主点虽小却引人注目，所以，以"点墙"的建筑风格为设计意向，提取徽派建筑中的元素融入香道产品中，以天青色作为主要色调营造整体高级感。

香悦四季

作者：汪琼颖　　　　　　　指导老师：舒伟

旭日照高岗，瑞烟锁重山。熏香是中国文化中展现个人气场与调性的方式，黑白配色更加美观。香悦四季的收纳盒非常实用，可以作为首饰盒，也可以作为盘香盒使用，还可以取下金属薄片作为书签，木质香盒镂空的设计，看起来也非常精致。

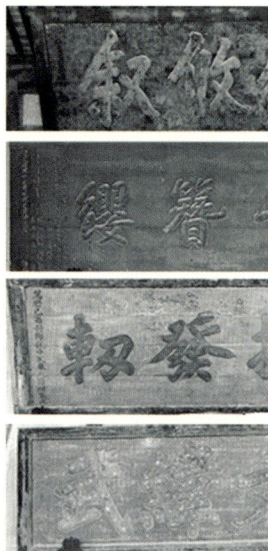

匾

作者：汪琼颖　　　　指导老师：舒伟

　　呈坎村落有"三多"，其中有一多便是匾额多，有清代民族英雄林则徐题赠的"累世簪缨""观察河东"匾额。还有喻英才盖世的"经文纬武""鹰扬发轫"；喻文识渊博的"文献""耆年博学"。将这些文字运用在手机壳中，配色也选取中国传统色彩虾壳青、唐菖蒲红等，具有古往今来之感。

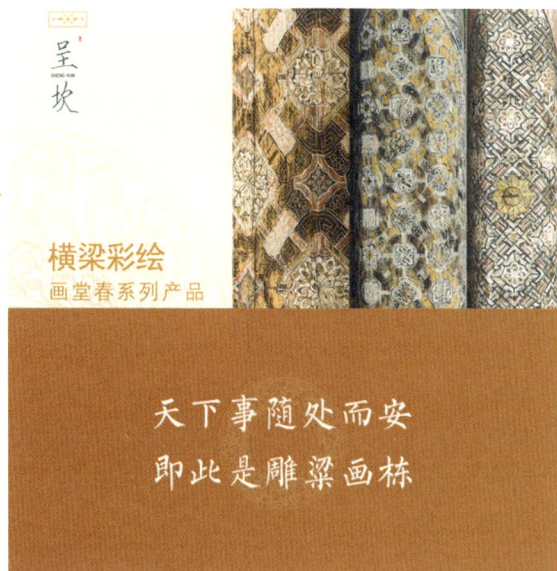

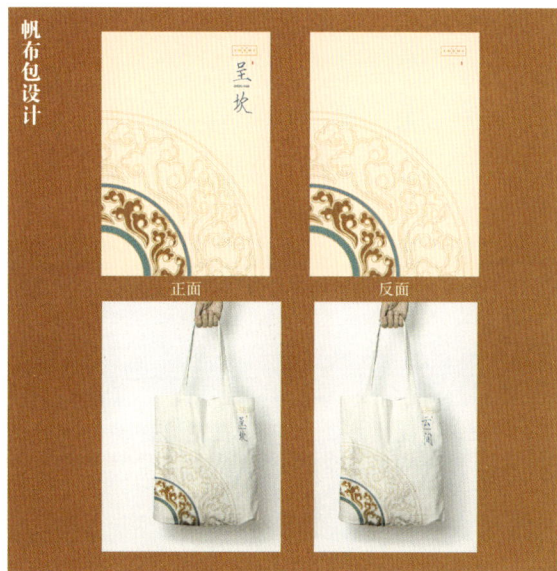

横梁彩绘
画堂春系列产品

天下事随处而安
即此是雕梁画栋

帆布包设计

正面   反面

画堂春——云间

作者：汪琼颖   指导老师：舒伟

　　设计灵感源于横梁彩绘，云纹象征着步步高升、吉祥如意，是中国古代经典传统纹样，也是为数不多的贯穿于中国历史的纹样，云和雨决定着收成，因此在世代农耕的村民心中对云存有敬畏之心。

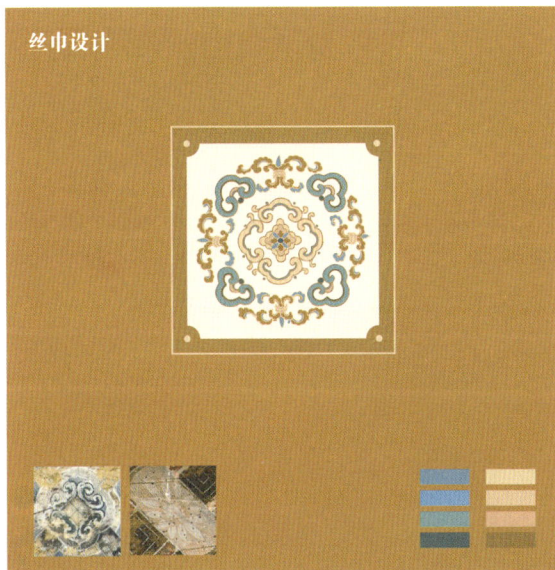

丝巾设计

画堂春——云瑞

作者：汪琼颖　　　　　指导老师：舒伟

　　将宝纶阁中的横梁彩绘纹样提取并重新组合排版，以宝相莲花为中心图案整体对称，采用暖橙色为底色，以饱和度较低的蓝黄为主色调，清新但不失彩绘本身的古典庄严。

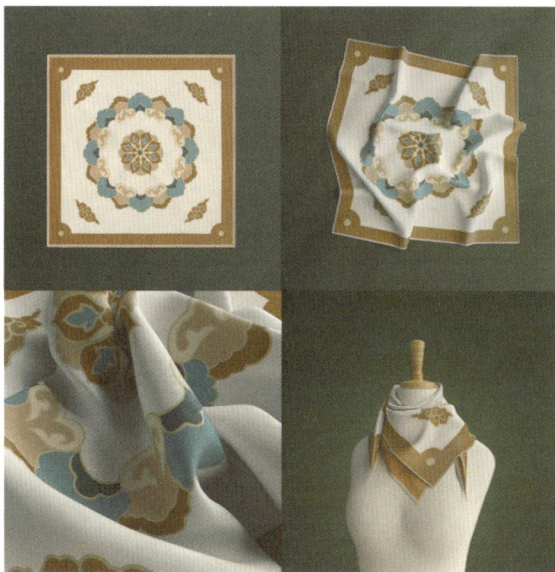

画堂春——云裳

作者：汪琼颖　　　　　　　　指导老师：舒伟

　　将宝纶阁中的横梁彩绘纹样提取并重新组合排版，作品提取了云纹元素并融合了卷草纹纹样，将花草融合在这一卷丝巾中，表现了建筑精致的装饰风格和奇特巧思的构造。色彩搭配上运用饱和度较低的橙色以及蓝色色调，风格活泼更容易搭配。

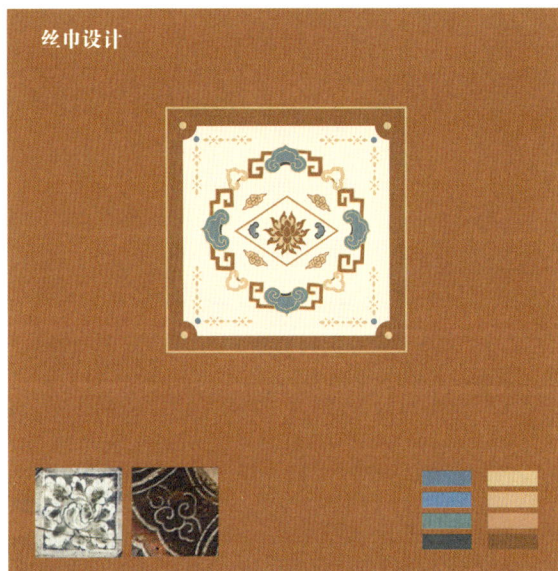

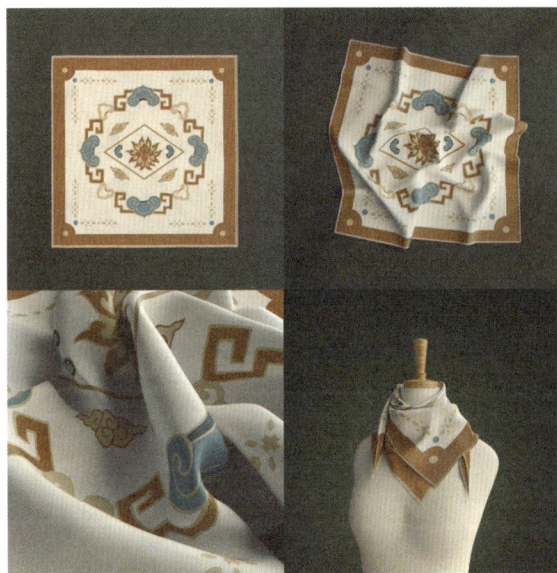

画堂春——云旋

作者：汪琼颖　　　　　　指导老师：舒伟

　　以宝相莲花为主体，四周以明朝盛行的缠花枝为装饰，牡丹花为点缀，也融合了云纹等传统元素，加上画面的风格鲜明，配色和谐。色彩搭配上运用饱和度较低的橙色以及蓝色色调，风格活泼更容易搭配。

正面　　　　　　　　　　　反面

画堂春——见相

作者：汪琼颖　　　　　　　　　指导老师：舒伟

　　传统纹样之宝相花纹，融会牡丹、莲花、蔷薇等特点，讲究对称、庄重，繁而不乱，盛兴于隋唐并流传至今，寓意吉祥、喜庆、丰收，亦有祥花瑞草之名。

渔夫帽设计

画堂春——相欢

作者：汪琼颖　　　　　　指导老师：舒伟

　　以宝相莲花为主体，四周以明朝盛行的缠花枝为装饰，以牡丹花为点缀，也融合了云纹等传统元素，加上画面的风格鲜明，配色和谐。色彩搭配上运用饱和度较低的橙色以及蓝色色调，风格活泼，更容易搭配。

呈坎——滑板装扮

作者：江涛   指导老师：舒伟

　　图案来自呈坎罗东舒祠青石栏板的雕刻，选取其中一幅鸟和树的作品为主题题材，其中还有灵芝和祥云，都拥有美好的寓意，也十分美观有趣。将青石栏板和滑板、短袖等相结合，不仅传承着呈坎青石栏板的文化，也将古风与潮流相结合。

莲花祥云手提包

作者：江涛   指导老师：舒伟

选取呈坎宝纶阁彩绘中的莲花和祥云为题材，莲花有圣洁、清廉、吉祥等含义，祥云寓意祥瑞之运气，表达了吉祥、喜庆、幸福的愿望以及对生命的美好向往。将莲花祥云与手提包结合，预示着吉祥如意。包的提手为竹制，满满的中国风，更充满着古色古香。

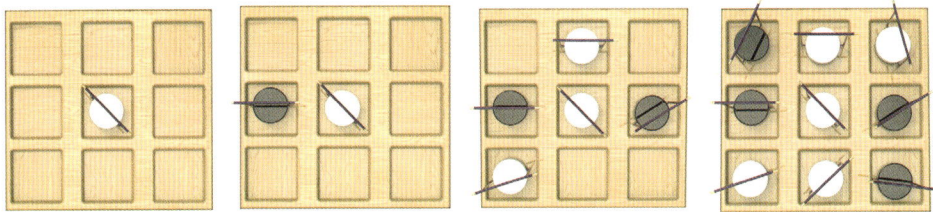

徽韵井字棋

作者：江涛   指导老师：舒伟

　　井字棋是一种在3*3格子上进行的连珠游戏，这里采用徽州的马头墙元素，让井字棋带有徽州的韵味，使回忆和娱乐共同存在，带有地方性元素的小游戏设计，不仅让徽州独有的特色建筑展现在世人面前，也能让人愉悦身心。

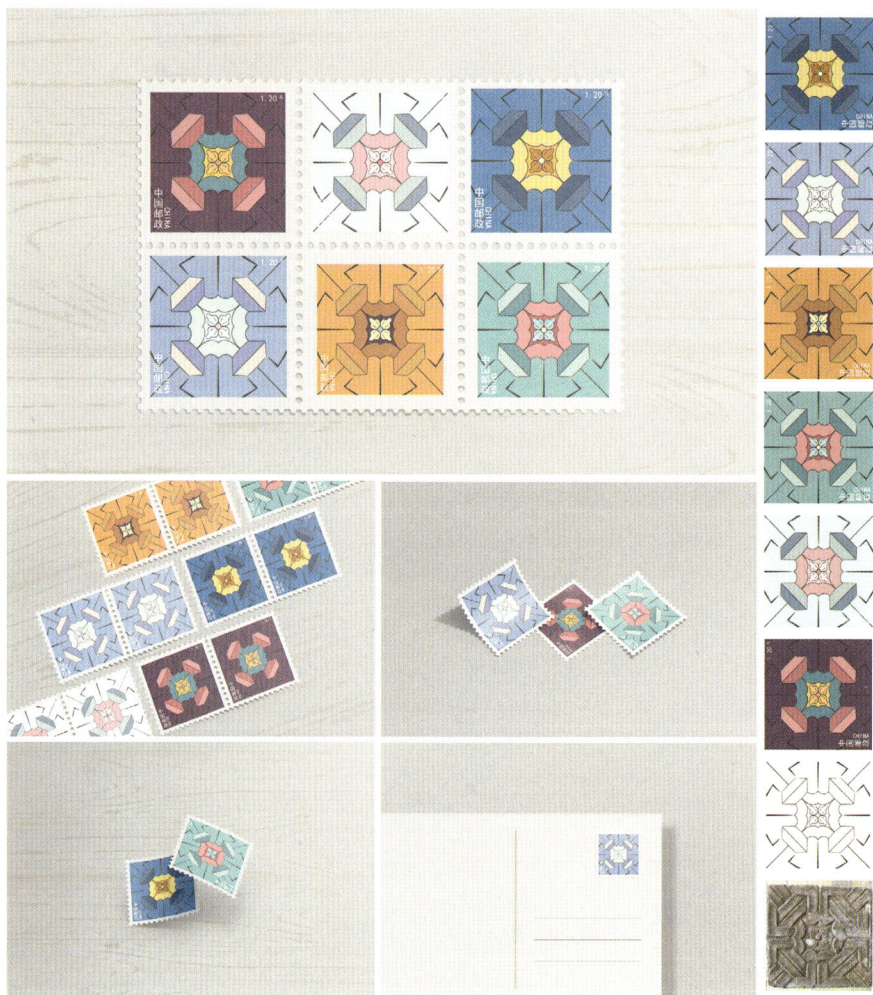

罗东舒祠石雕纪念邮票

作者：江涛　　　　　　　指导老师：舒伟

　　图案来自罗东舒祠青石栏板的雕刻，选取石柱上的雕刻，用不同的颜色进行填充，一共六种配色，无论是收藏还是粘贴在信件上，都十分有纪念意义。

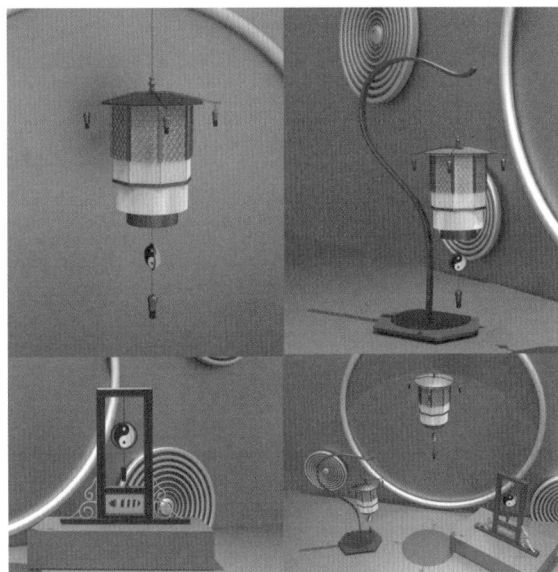

"呈坎八卦"——灯具及摆件

作者：贾浩南　　　　　　　　指导老师：舒伟

　　摆件灵感源于呈坎过坎文化，整件作品形似"门坎"，两边绘有云纹。云纹在古代与龙并提，是一种地位的象征。灯具将窗格、灰瓦及太极图元素进行提取，外围的灯罩由八个面组成，对应太极八卦中的八个方位。

映·影——火漆礼盒

作者：贾浩南　　　　　　指导老师：舒伟

　　火漆作为当下的流行礼品，将呈坎青石栏板中的花纹元素融入其中，整件作品配色主要以红色为主，配上黄铜色作为点缀，以礼盒形式呈现，符合文创旅游产品"买得起，带得走"的特点。

戏 "说" 古今音乐盒

作者：贾浩南　　　　　　指导老师：舒伟

　　徽州傩戏一直广为流传，但随着时代的变迁，这项技艺逐渐在人们的生活中消失。作品为表演傩戏的音乐盒，通过转动开关使音乐盒上的人物开始旋转，音乐盒由带着傩面具表演的人物、伴奏人物、古戏台元素组成。

智能加湿器

作者：贾浩南　　　　　指导老师：舒伟

　　方案灵感源于徽州传统天井元素，将天井独特的外观结合加湿器的功能，生动形象地再现天井的形象，简约又不缺美感。

"遇·呈"系列井盖设计

作者：汪琼颖　　　　　　指导老师：舒伟

　　井盖文化自20世纪60年代开始盛行，井盖文化不仅可以起到美化环境的作用，还可以降低井盖事故发生率。将呈坎标志性元素和井盖相结合，用村落井盖将当地特色展现给游客，让村落色彩更加鲜明，村落形象更加具体。

呈坎导视图

作者：江涛　　　　指导老师：舒伟

　　指示牌采用了石材和木材等材质的组合运用，并添加了马头墙元素，导视牌上的镂空设计提取了竹子向上生长的元素，与周围环境更加融洽地融合在一起，也使指示牌增添了一份当地的韵味。停车场指示牌采用的元素为太极、窗格、石材、徽旅建筑元素等。不仅造型美观，夜间也能起到引导作用；造型典雅朴素与当地文化相呼应，如同微微翘起的马头墙，简单明了。

呈坎警示牌和垃圾桶

作者：江涛　　　　　　　　指导老师：舒伟

　　警示牌主要采用徽州马头墙元素，使它们与当地生活环境相呼应，也使导视系统看起来更富有韵味。垃圾桶采用窗格元素，看起来更加富有韵味，美观大方。

设计说明:
　　因马头墙为徽州文化元素中的徽派特色建筑,故符号中由字抽象并增加了徽派屋檐。整体色调呈黑白两色,简约、意蕴悠长。

· 马头墙
　徽州文化元素中的徽派特色建筑

· 太极八卦
　八卦中坎水为阴

呈坎村落VI案例(一)

作者:王宁　　　　　　　指导老师:舒伟

　　马头墙为徽州文化元素中的特色建筑符号之一,将"呈"字抽象演化,并增加了徽派屋檐,整体色调呈黑白两色,看起来简约、意蕴悠长。

设计说明：
　　呈坎古名龙溪，呈S形自北向南穿村而过，形成类似八卦阴阳鱼的分界线，因此标志的中心为S形，徽派建筑由此延伸，并构成太极形。整体色调呈黑白两色，配色简约、意蕴悠长。

应用场景

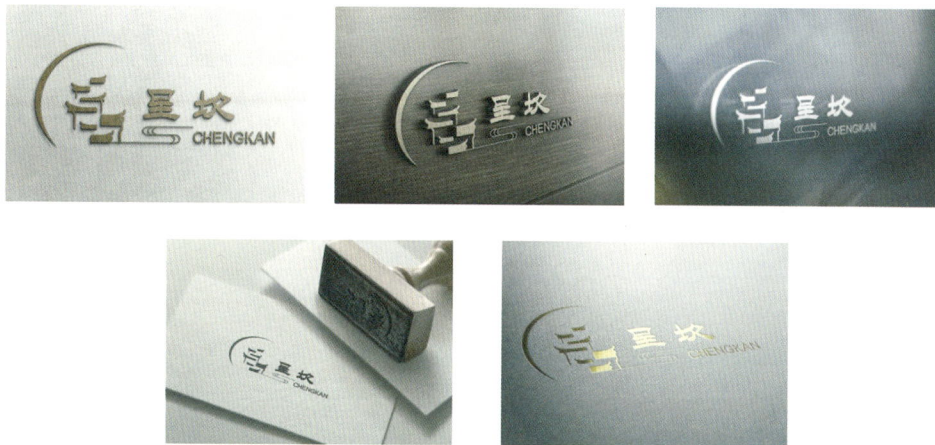

呈坎村落VI案例（二）

作者：王宁　　　　　　　　　　指导老师：舒伟

　　呈坎古名龙溪，呈S形自北向南穿村而过，形成类似八卦阴阳鱼的分界线，因此标志的中心为S形，徽派建筑由此延伸，并构成太极形。

元素融入

•马头墙
徽州文化元素中的徽派特色建筑

•龙
呈坎古名龙溪，龙溪河宛如一条龙

应用场景

呈坎村落VI案例（三）

作者：王宁   指导老师：舒伟

　　标志主体使用了呈坎的首字母，"C"字母采用了徽州马头墙的元素，"K"字母提取了呈坎原名龙溪元素，龙和溪融合一体，延绵流长。

包装设计

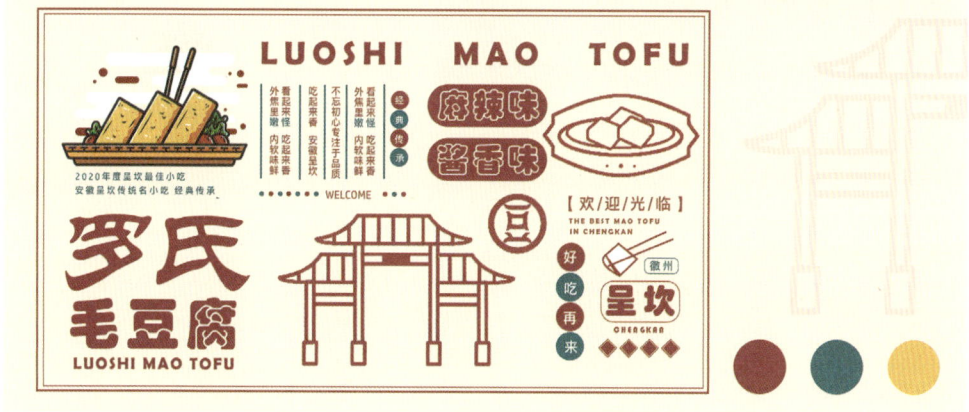

毛豆腐包装

作者：汪琼颖　　　　　　　　　指导老师：舒伟

　　毛豆腐在呈坎是历史悠久、世代传承的食品，具有鲜明的地域传统文化特色和深厚的呈坎文化底蕴，得到社会的广泛认同。本包装设计将呈坎罗氏毛豆腐品牌与当代市场主流IP形象结合，制造更多有趣的玩法，让年轻消费群体重新关注呈坎毛豆腐这个历史悠久、世代传承的老品牌。

呈·茶礼系列一

作者：汪琼颖　　　　　　　指导老师：舒伟

　　躁动不安的心，无论安居于茶舍，还是隐没于深山，都无法安静下来。真正的安静，来自本心，不为尘世所感，只安于自身的简单与知足，茶叶包装采用呈坎民居色彩的特点，用大面积的黑白配色加亮色点缀，仿佛置身于屋舍间，沉静下来令人感受到大自然的美好和生命的意义。

呈·茶礼系列二

作者：汪琼颖 　　　　　　　指导老师：舒伟

　　宝纶阁的装修是明代阁堂建筑的集大成者，建筑雕刻彩绘足以与皇家媲美，在茶叶包装设计上，选用了宝纶阁横梁彩绘中的回纹、云纹及万字纹作为元素绘制纹理，拼接组合看似无序恰是有序，赏者心中自有真谛。

combined culture

当地文化与
现代绘画相结合

将呈坎当地文化与建筑元素采用国画白描手法体现，产生文化与绘画的碰撞。

呈坎双贤里，也称中国风水第一村，依山傍水。地标性建筑有永兴湖、环秀桥等。永兴湖位于村口，夏日荷花绵延百米。用墨色线条勾描出群山绵延的景象，融入标志性建筑，朴素简洁。

插画元素提取

Blessing

　　罗东舒祠中青石栏板的云纹样，不仅具有深厚的文化内涵和丰富的象征意义，而且是最具生命力的艺术形式之一。有着很多美好的寓意，是徽州人对万事万物希冀祝福的心理意愿和生活追求。

　　茶花开花于冬春之际，寓意谨慎深沉和谦逊。是一种沉淀下来的美德和高贵品质。其淡淡的清香，与孤芳自赏的形象，都是其可爱与动人之处。

　　中国一直有以花赠友的习俗，梅花多是送给傲骨清风的君子，芍药花多是给知己的，而荷花可以送给感情比较深厚的朋友，它可以象征着人们之间浓厚的友情。恰如喫茶命名的真正含义，与好友三三，无由持一碗，享受当下的美好。

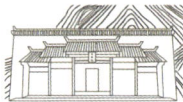

永兴湖　　　　　　长春大社　　　　　　环秀桥

呈·茶礼系列三

作者：汪琼颖　　　　　　　　指导老师：舒伟

　　"喫茶"（"喫"即"吃"，包括吸、喝）是呈坎本地的方言，意味喝茶，徽人含蓄内敛，千言万语都凝聚在一句"喫茶"中。设计方案以呈坎代表景物永兴湖、长春大社、环秀桥展开，配以村落常见的荷花与山茶花，利用当地山水形态，结合建筑以呈现，与村落相连表达出轻盈感与现代感，创造出强有力的视觉效果，形成了一系列与现代潮流相结合的视觉形象，以达到更高效地拓宽市场的目的，进一步突出了包装文化的重要性，体现了呈坎文化的具体特点。

云霓·花见

不应璧月空云霓
数朵庭花见落时

云霓·花见

作者：汪琼颖　　　　　　指导老师：舒伟

　　设计灵感源于呈坎的古建筑横梁彩绘，将极简主义设计风格与呈坎元素相结合，材料选取乌鸡种翡翠，雕刻出村落特有的彩绘装饰，贵金属部分采用18K金，整体造型运用西方极简主义几何化设计方式表现，胸针视觉感强烈，手工拉砂降低金属高调的质感，与灰色搭配又赋予作品沉稳素雅的高贵气质。

相与——八卦戒指设计

作者：汪琼颖　　　　　　　　指导老师：舒伟

　　呈坎被称为八卦村，八卦是八种不同的卦象，囊括天地万物的种种变化，蕴含着易经玄学的知识，戒指中环可转动，一转一卦，寓意掌握鸿运，扭转乾坤。

小桥流水——项链设计

作者：王宁　　　　　　　指导老师：舒伟

　　此款项链以呈坎的永兴桥为灵感，加之徽州特色建筑与海棠元素，组成一套银饰项链，末端小吊坠尽显灵动。

APP 设计

遇见呈坎

《遇见呈坎》是一款有着千百年历史的老牌 村古雅徽派传统文化，带给人古朴、典雅古香古 民俗、展遗技艺以及旅游景点标源反映过渡内容。

来源从呈坎的同时神往所需要带着 深入的了解古村落，设计排整以此暑 清楚这风情为主，来感受呈坎古村落 古老东西故。呈知溪的故呈溪念

• 登录与注册

• 欢迎与引导

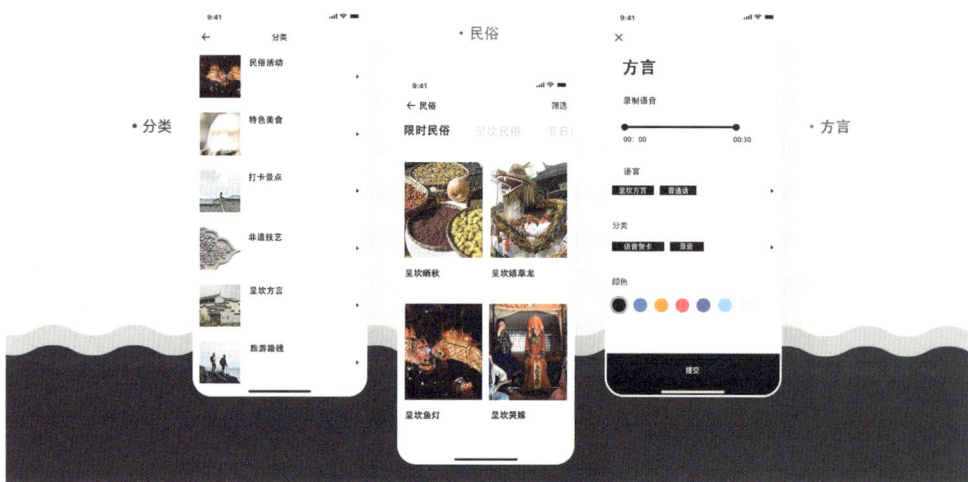

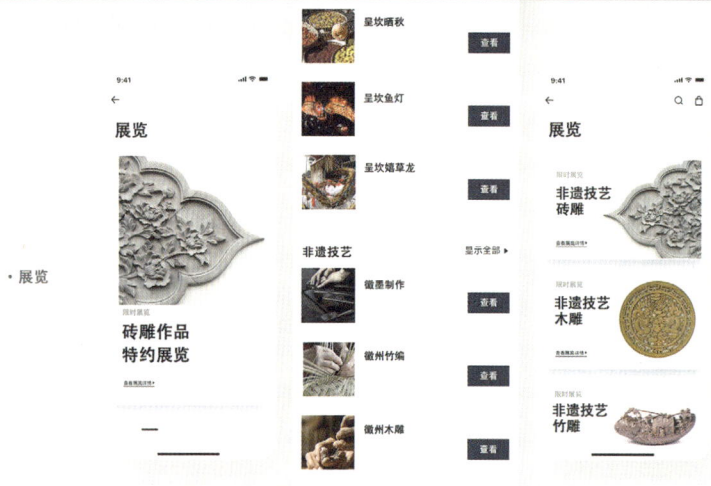

遇见呈坎APP设计

作者：汪琼颖   指导老师：舒伟

　　"遇见呈坎"是一款创意村落APP，包含着呈坎传统文化、非遗技艺、方言、民俗和呈坎旅游规划等内容，APP作为移动互联网媒介最大的特点是具有移动性、趣味性及良好的视觉和交互体验。以村落为主体应用到移动互联网中，吸引到更多热爱旅游的人们去了解和感受呈坎的独特魅力。

参考文献

［1］庄锦华. 特色小镇文创宝典：桐花蓝海5.0［M］. 北京：电子工业出版社，2018.

［2］歙县地方志编纂委员会. 歙县志［M］. 北京：中华书局，1995.

［3］李传玺. 徽州古村落［M］. 合肥：安徽科学技术出版社，2015.

［4］鲍义来. 徽州工艺［M］. 合肥：安徽人民出版社，2005.

［5］江巧珍，孙海峰. 盐商文化象征——棠樾［M］. 合肥：合肥工业大学出版社，
2011.

［6］方静. 解读徽州［M］. 合肥：合肥工业大学出版社，2009.

［7］唐力行. 徽州宗族社会［M］. 合肥：安徽人民出版社，2005.

［8］马勇虎. 和谐有序的乡村社区——呈坎［M］. 合肥：合肥工业大学出版社，2005.

［9］邹洲. 卯木秋分［M］. 昆明：云南美术出版社，2018.

［10］方群莉. 徽州传统村落规划研究［M］. 合肥：合肥工业大学出版社，2019.

［11］陆林，凌善金，焦华富. 徽州村落［M］. 合肥：安徽人民出版社，2005.

［12］林荣泰. 文化创意产品设计：从感性科技、人性设计与文化创意谈起［J］. 人
文与社会科学简讯，2009（1）：32–42.

［13］郭菁. 文化进化的meme理论及其难题［J］. 哲学动态，2005（1）：54–56.

［14］朱上上，罗仕鉴. 产品设计中基于设计符号学的文物元素再造［J］. 浙江大学
学报（工学版），2013，47（11）：2065–2072.

［15］罗泓. 基于设计事理学的故宫博物院文创产品创新策略［J］. 家具与室内装饰，
2021（12）：16–19.

［16］柳冠中. 事理学论纲［M］. 长沙：中南大学出版社，2006.

［17］柳冠中. 象外集［M］. 北京：中国建筑工业出版社，2012.

［18］柳冠中. 事理学方法论［M］. 上海：上海人民美术出版社，2019.

［19］华杉，华楠. 超级符号原理［M］. 上海：文汇出版社，2019.

［20］华杉，华楠. 超级符号就是超级创意［M］. 南京：江苏凤凰文艺出版社，2016.

［21］朱永春. 徽州建筑［M］. 合肥：安徽人民出版社，2005.

［22］卞利. 徽州民俗［M］. 合肥：安徽人民出版社，2005.

［23］徐启贤，林荣泰. 文化产品设计程序［J］. 设计学报，2011，16（4）：1–18.

[24] 刘甜，林家阳. 文化基因视域下文旅特色小镇品牌塑造实践研究 [J]. 包装工程，2020，41（2）：89-96.

[25] 林荣泰，林伯贤. 融合文化与美学促成文化创意设计新兴产业之探讨 [J]. 设计学报，2009（85）：81-105

[26] 颜惠芸，林荣泰. 从文创产业的感质商品到商业模式的设计加值 [J]. 艺术学报，2009（91）：127-152.

[27] 张京成. 中国创意产业发展报告（2020）[M]. 北京：中国经济出版社，2020.

[28] 汪瑞霞. 在文化的语境中解读设计——设计文化学研究新视野 [J]. 南京艺术学院学报（美术与设计版），2012（1）：73-76，182.

[29] 朱上上. 现代产品设计中的区域文化意象研究 [J]. 包装工程，2009，30（5）：209-225.

[30] 许彬欣. 台湾文化创意产品发展思辨 [D]. 北京：北京理工大学，2015.